今日からはじめる

幸せ習慣

開運幸せトレーナー
大田亜侑
Ayu Ohta

自由国民社

はしがき

幸せになるのはカンタン！

この本を手に取っていただいて、ありがとうございます。

あなたは「幸せになるのはむずかしそう」とか「わたしでも幸せになれるかな？」と思っていませんか。

そんなあなたに、幸せへのパスポートをお届けします。誰でもカンタンに幸せになる秘訣を集めたので、読み終わるころには幸せ体質になっていますよ。

実は、幸せはいつもあなたの心の中にあります。そこに目を向けるかどうかで、幸せを感じたり、感じなかったりするだけ。今日からあなたにも幸せな時間がどんどん増えていきますから、お楽しみに！

仕事で成功したり、お金持ちになったり、好きな人と結婚したり、子どもが生まれたりといった人生の節目になるような出来事は確かに幸せですが、おいしいものを食べたり、お風呂にゆっくりつかったり、楽しそうに遊ぶ子どもを見たり、ペットと戯れるときのなんともいえない満たされた気持ちも幸せそのもの！　幸せに大小はありません。自分が幸せと感じれば幸せ。誰かと比べる必要もないんです。

よくある誤解が「～があれば幸せになれる」という思い込み。お金があっても家族が喧嘩ばかりして不幸せという人もいますし、結婚をしても幸せになるとは限りません。逆に、わたしのように子どものころから病気を抱え、独身で、地味で、特殊な能力もなく、もう若くないなど、一見マイナスの要素が多い人でも、心の持ち方次第で毎日幸せに暮らせます。

なにかのあるなしは、幸せの条件ではありません。心が満たされている状態こそが幸せなのです。

わたしは14歳のときに難病の全身性エリテマトーデス（ＳＬＥ）と診断されました。そのために直射日光に当たれず、外出時には日傘が欠かせませんし、目の焦点は合わず、手すりがないと階段の昇降もできません。病気のために制限のある生活をする中で、いつも「普通の人とは違う」というコンプレックスを抱えて生きてきました。

20代後半に、心の中の満たされないところを埋めたくて、自己啓発やスピリチュアルなどさまざまなことを学び、本を読みあさりました。満たされない部分を外に求めている間は答えが見つからず、自分で心を満たすことが必要だと気づくまでに20年近くかかってしまいました。かけてきたお金も相当な額になりますし、随分回り道をしました。でも、いまではその間に身に付けたことが役立っているので、すべて必要だったと感じています。

この本では、そんな風に遠回りしなくてすむように、わたしがこれまでに学んだり経験してきた、幸せになるさまざまなヒントを書きました。いきなり心を変えるのはむずかしいと感じるかもしれないので、体や環境などの目に見えるものを使って心に働きかける方法もたくさん紹介しています。

書いてあることを、ぜんぶしなくても構いません。あなたが気になったこと、やりやすいことから試してください。やってみて自分には合わないと思ったら別のことをするくらいのゆるい気持ちでするのがお勧めです。

まずは気楽に、幸せになるための第一歩を踏み出しましょう！

〈今日からはじめる幸せ習慣〉目次

第2章

見えない力で開運

第3章 良い気分の魔法で幸せになる

第4章 心の体質改善で楽に生きる

第5章 人生の主役はあなたです

協力：特定非営利活動法人 企画のたまご屋さん
たかひらいくみ

第1章

いますぐ幸せになるアクション

ジャンプで開運

ぴょんぴょんとぶことが開運につながると言ったら、信じられますか?

とんだりはねたりすると、なぜか気持ちが明るくなりますね。スキップすると楽しさが倍増して、暗い気持ちではいられません。

気持ちがいいとか楽しいと感じるのは、あなたの心が喜んでいるサイン。

逆に、違和感がある、嫌だというのは、「本来の状態ではないよ」と教えてくれているのです。落ち込んだときやモヤモヤしているときには、誰もいないところでぴょんぴょんとびはねてみてください。本来の良い波動に戻って、気持ちが晴れ晴れしますよ。

ジャンプをすると良い波動になる上に、体がゆれると魂もゆすられて活性化します。だから、開運にもつながるんですね！　わたしたちの魂はいつも同じ状態ではなく、活性化することもあればエネルギー不足になることもあり、大きさもその都度変わると言われています。魂はエネルギー体なので、物質である肉体とは違って自由自在に変化します。**魂が活性化すると、エネルギーにあふれてその人の本領が発揮できる、まさに理想的な状態になります。おまけに、ジャンプした後に下に降りる勢いで軽い邪気は払えてしまいますから、一石二鳥ですね。**

魂をゆする、振ることを**魂振《たまふ》り**と言います。お祭りでお神輿《みこし》を担ぐときに上下にゆさぶりますが、あれも魂振りの一種。お神輿には神様の御霊《みたま》（＝魂）にお乗りいただいているので、神様の御霊をゆさぶることで活性化しているのです。土地を守ってくださる神様の魂が活性化すれば、その地域や住んでいる人たちも活気づきます。神社のお社《やしろ》は動きませんが、お神輿は町内を巡るのでお神輿の通る所はその恩恵が受けられます。神様が町内を回ってくださるのですから、ありがたいですね。もちろん、お神輿を担ぐ人はその人の魂振りにもなり、お祭りに来た人もその場の活気あるエネルギーがいただけます。実際にお神輿を担いだ方が、「こんなにすごいものだと思わなかった」と仰っていました。お神輿に神様の御霊を乗せてそれを振って活性化すると は、昔の人の知恵は本当にすばらしいとつくづく感心してしまいます。

ジャンプやスキップは、それをシンプルに人間バージョンにしたものです。ジャンプができないときは体を上下にゆさぶってもＯＫ。**足腰の悪い方は無理をせず、椅子に座って上半身をゆさぶりましょう。**それだけでも気のとどこおりが改善されます。

わたしは外でできるときはジャンプをしますが、室内では座って体をゆさぶります。体をゆさぶると気持ちがいいので健康法のように続けています。元気がない、やる気が出ない、うまくいかないときには、特にお勧めですよ。ただ、活性化しすぎるのも困るので、やりすぎないようにしてくださいね。

体をゆさぶったりジャンプするのは簡単にできますから、ぜひ日常生活に取り入れて、あなたの魂を元気にしてください！

トイレでリセット

イライラしたとき、腹が立ったとき、頭が混乱したとき、感情的になったときには、はやく気持ちを切り替えたいですね。そんなときにお勧めなのが、トイレでのリセット。「この嫌な気持ちをどうにかしたい」と思ったら、トイレに行きましょう。

トイレの個室で何度か深呼吸をして心を落ち着けてから、イライラや腹が立ったこと、抑えきれない感情などを**イメージで便器の中に捨てて、実際に水を流しましょう。**水と一緒にその感情が勢いよく流れていきます。水の流れは目に見えるので、流れ去ったことが実感できますよ。**「流れていった！」「なくなった」など、流した感情がなくなったことを心の中で確認する**と、さらに強く実感できます。

その後、水を勢いよく流して**「いらないものがすべて流れていく」**と思いながら手を洗うとさらにすっきりします。**「もう大丈夫」**と自分に言ってあげれば完了。トイレに行けないときには、**イメージで嫌な感情を水に流すだけでも効果があります。**

テニスの大坂なおみ選手も、行き詰まったときに試合中のトイレ休憩を利用して気持ちを切り替えているそうです。印象的だったのが、全豪オープンで優勝した試合。苦戦の末に第2セットを逆転で奪われ、そこでトイレ休憩をとりました。コートを出るときには頭からタオルをかぶっていた大坂選手でしたが、戻ってくると別人のようにすっきりした表情に！　このときうまく気持ちを切り替えたことが、その後の勝敗を決めたと言われています。トイレでリセットをとても上手に使った実例ですね。

「水に流す」の語源は禊《みそぎ》にあるとされています。禊とは水で心身を清めること。寺社で参拝前に手や口を水で清めたり、穢《けが》れを移した人形《ひとがた》を流す流し雛も禊を簡略化したものです。神道では水自体に清めの効果があると考えます。それに加えて**「流す＝なくなる」につながる**ので、水に流すとすっきりするのです。

トイレでリセットは「水に流す」ことに加えて、場所を変え、間《ま》をおいて「気を変える」ことも、リセット効果を高めています。気（＝エネルギー）はとても大切なのですね。

あなたも、困ったときにはトイレでリセットを活用して、気持ちを切り替えてください。嫌なことを文字通り水に流してしまうのがポイントです。

アナログ時計で気を動かす

あなたの部屋にある時計は、針のあるアナログ時計ですか？　それとも数字が表示されるデジタル式ですか？　今はインテリアの好みからか、デジタル式の時計が増えている上に、そもそも時計がないことも多いのですが、**アナログ時計は開運アイテム**です。というのも、昔ながらのアナログ時計は針が動くことで気が動くからです。

気を動かすという点では、秒針のある時計は針がいつも動いているから、なおいいですね。振り子のついた時計なら振り子が大きく動くので、さらに大きく気が動きます。水でも空気でも運気でも、常に流れて（＝動いて）いるのが理想的ですから、とどこおるのは良くありません。それと同じで、部屋の中の気も動いている方がよどまなくていいのです。その点、置くだけで常に気を動かしてくれるアナログ時計は優れものです。

時計のカチカチという音も波動なので、それも気を動かします。最近は音のない時計もありますが、気にならない方は音の出るものを選びましょう。時間になったらチャイムの鳴る時計もお勧め。テレビやオーディオ機器などの音が出るものも気を動かしますが、スイッチを入れないと音が出ないので、針が回り続ける時計はいいですね。

時計を置いたり壁に掛けるときは、**立ったときに目線より上になるように配置しましょう。**見おろすところに時計を置くと、運気が下がってしまいます。せっかくの開運アイテムが運気ダウンにつながってはもったいないので、気を付けてください。

新しい時計を買うと新しい運気を呼び込めるとも言われています。部屋に時計がないとか時計を買い換えるときには、アナログの秒針つき時計を選んでくださいね。

空を見上げよう

落ち込んだときや悲しいとき、淋しいとき、空しいとき、なんだかうまくいかないときは、自然に下を向いてしまいます。でも、そんなときこそ空を見上げましょう。

心と体は一体と言いますが、上を見ていると気持ちも上向きに変わってきますし、上を向いて泣くことはできないそうです。逆に、悲しいときに下を向くのは、感情が行動に現われています。落ち込んだときに空を見上げるのは、それを逆手にとって、**行動を変えることで感情を変えよう**という訳です。落ち込んでいるときに無理やりポジティブになろうとしても、なかなかできるものではありませんが、上を向く、空を見上げるだけなら、簡単にできますね。

わたしの知り合いのお医者様は「上を向くのは、なによりの処方箋だ」と仰っていました。これには科学的な根拠もあり、上を向いて「気持ちがいい」と思うとポジティブになる脳内物質、ベータエンドルフィンやドーパミンが分泌されるそうです。

室内で上を向いてもいいのですが、見えるのは天井だけですから、外に出て空を見上げる方が開放的な気分になれます。青空だったら最高です！「空って広いな」「きれいな青空」と思うだけで、それまでのネガティブな気持ちがふっと楽になることもあります。芝生に寝転がってなにも考えず、無心でしばらくの間空をながめると本当に気持ちがいいですよ。大地や太陽からエネルギーをもらって不要なエネルギーを手放すことで、自分の波動が整います。ただし、カンカン照りのときにはまぶしすぎたり、日焼けをしたり、熱中症などの恐れもあるので、気を付けてください。

空はどこまでも広がっているので、ぼーっと空を見ていると、自分の悩みなんてちっぽけなものだと感じさせてくれます。見えている空のかなたにある宇宙に思いを馳せるのもいいですね。広い広い空に癒されて気持ちが楽になり、心に余裕も出てきますよ。外に出られないときには、窓から空を見るだけでもＯＫです。

特に都会に住んでいる方は、知らない間にためこんだストレスの解消にもなるので、折に触れて空を見上げてくださいね。

パワーポーズで自信をつける

あなたは姿勢が良い方ですか？　それとも、猫背ですか？

以前のわたしは猫背の上に、いつも下を向き、声も小さくて遠慮がちでした。いま思えば、それは自信のなさが姿勢や行動に現れていたのです。

あるとき、すてきだなと思う人の写真を見ていて気づきました。ぴしっと背筋が伸びて姿勢が良く、胸を張って堂々としているんです！　姿勢が良くて胸を張っていると、とてもすてきです。その後、姿勢美人という言葉を知り、猫背で下向きではきれいに見えるはずがないと反省しました。

それからは意識して背筋を伸ばし、胸を張るようにしました。お陰様で、いまではかなり猫背が直りました。背筋を伸ばすと気の巡りが良くなって波動も上がるので、気持ちもしゃきっとします。

【空を見上げよう】（22ページ）のところでも書きましたが、**行動を変えると気持ちも変わります。「気持ち」という目に見えないものはどう扱っていいのかよくわからないので、目に見える体から変える方がずっと楽ですね。**

ちょっと想像しただけでもわかると思いますが、猫背で下を向いている人と胸を張って堂々としている人では、どちらに好感がもてますか？　友達になりたいと思う、仕事ができそうに見える、信頼できそうに思えるのは、堂々としている人ではないでしょうか？

ボディランゲージでは、胸を張る動作は自信があることを示しています。人は見た目の印象で相手を判断するので、これはかなり有効ですね。ボディランゲージは普通は相手に対するメッセージですが、自分に対してもかなり影響があるので、いつも胸を張っていると自信が出てきます。

ボディランゲージについては、ハーバード・ビジネス・スクールの社会心理学者エイミー・カディが2012年に行った有名な講演があります。彼女の実体験に基づく研究によれば、「パワーポーズ」と呼ばれる自信たっぷりのポーズを毎日2分とると簡単に自信がつくようになり、ボディランゲージを変えることで、他人からの評価も自分の気持ちも変わるとのこと。このときの講演「ボディランゲージが人を作る」はベストセラーの本（日本語訳『〈パワーポーズ〉が最高の自分を創る』）になったばかりか、動画の再生回数もいまだに伸びているそうです。それだけ多くの人に影響を与えた考え方なのですね。

胸を張るのもパワーポーズの一つです。胸を張ることで自信が持てるようになれば、自分のことをもっと好きになって、人生が変わります。今日からあなたも、背筋を伸ばして胸を張ってみませんか？

足首回しでつまりを取る

体が固い人は心も頑なだという傾向があるそうです。わたしも若いころから体が固かったのですが、ストレッチを続けたらだいぶ柔らかくなりました。だから、**大人になってからでは難しいとか、いまさら無理だろうと思う必要はありません。**人間の体はいくつになっても変わります。そしてわたしの場合、はじめは気づかなかったのですが、体が柔らかくなるにつれて「～でなければならない」という思い込みが減ってきました。体と心は一体なのですね。

ここでも心に直接アプローチするのでなく、体を変えることからはじめましょう。凝り固まっている体をほぐすには、軽い体操やストレッチも良いのですが、ストレッチをする時間がない、いますぐなんとかしたいというときには、手軽にできる足首回しがお勧めです。

夕方になると脚がむくむことはありませんか？　そういうときには血液や体液の循環がとどこおっているだけでなく、気の流れも悪くなっています。やる気が出なくなる原因の一つは、気のつまりかもしれません。でも、**足首を回して血液や体液の流れが良くなれば、気の流れも改善されてエネルギーが回りはじめます。**エネルギーが巡ると元気になり、**気力もアップ**しますよ。足首には全体重がかかるので、わたしたちが思っている以上に負担がかかっているそうです。だからこそ、**足首を柔らかくしてケアしてあげることで、全身にも良い影響が出るのですね。**

足首を回すときには、ゆっくり回しましょう。「これで流れが良くなる」「脚が楽になる」とイメージしながら、やさしく回すのがポイント！「頑張ってくれてありがとう」と足首をいたわって感謝するのもいいですね。あなたの意識が現実を創りますから、「こんなことで効果があるのかな」などと思っていると効果が激減してしまうので要注意です。

足首を回すだけならオフィスでも、電車の中でもできますね。足首だけでなく、関節はどこも気の流れがつまりやすいところです。時間があるときには、首や肩、腕、手首、手足の指、膝などもゆっくり回してゆるませて、気のつまりをとりましょう。休みの日にゆったりした気持ちでストレッチをする時間をもつと、ストレス解消にもなります。お風呂の中で、足の指を思いっきり閉じたり開いたりするのもいいですね。体が温まって柔らかくなっているので、ストレッチも楽にできます。

実は、関節の気の流れを良くするとチャクラ（人体にある7つのエネルギーセンター。エネルギーの出入り口といわれます）のつまりもとれます。チャクラのつまりをどうやって取るのかを知っている人や実践している人は少ないと思いますが、関節を回すことでチャクラのエネルギーの流れも良くなるとは、なんとありがたいことでしょう！これを活用しないのはもったいないですね。

あなたも、気づいたときに足首や関節を回して気のつまりをとり、心身ともに軽くなっていきいきと活躍してください。

散歩で気の巡りを改善

じっと座って考えていたけれど、煮詰まって先に進めない、ということはありませんか？　そんなときは、水を飲みに行くとか隣の部屋に行くなど、場所を変えることで気が動き、アイディアが浮かぶことがあります。体を動かさずにじっとしていると、気も体の循環もとどこおってしまうのですね。

場所を変えるだけでなく、散歩をしたり歩いてみると体の巡りが良くなり、モヤモヤしていた頭の中が整理されたり、心の中のもつれがほどけると言われています。歩くことですっきりしたり、良いアイディアが浮かんだという人はたくさんいると思います。ベートーベンやディケンズ、ダーウィンなどが散歩中に作曲や創作をしたことはよく知られていますし、アップル社の創業者、スティーブ・ジョブズは日課の散歩中に考えごとをするだけでなく、歩きながら会議もしていたそうです。これには科学的な裏付けもあり、**歩くことで足の裏や第二の脳と言われるふくらはぎ、太ももが刺激されて血流が増え、脳が活性化するのだそうです。**だから創作力が高まったり、すばらしいひらめきが降りてきたりするのですね。

歩いているときには、脳内に快感をもたらす神経伝達物質のドーパミンや幸せホルモンといわれるセロトニンやオキシトシンも出ることがわかっています。そのために「楽しい」「気持ちがいい」と感じるのでしょう。歩くことはさまざまな病気の予防になるという研究結果もあり、体にも心にもいいことずくめです。

ただし、ここで歩くことをお勧めしたいのは、健康に良いとかひらめきが得られるからではありません。もちろんそれもいいのですが、**体を動かすことで気の流れを良くする**ことが狙いです。

人間も動物ですから、本来は動いていることが自然で、その方が気もとどこおりません。日本人は世界一座っている時間が長いという統計があるくらいですから、わたしたちも意識して歩きたいですね。本格的なウォーキングをしなくてもいいので、通勤や日常の買い物、散歩など、生活の中で歩く機会を増やして、心身の巡りも気の流れも良くしましょう。

心を整えるには外から

辛い思いをひきずっていたり、傷ついたり、原因はわからないけどモヤモヤしているなど、鬱々《うつうつ》としているときに「気持ちを切り替えましょう」といってもむずかしいものです。心の状態を変えたいときには、まず生活を変えてみませんか？

部屋の状態は心の中の状態を表すと言います。まさにその通りで、散らかっている部屋を片付けるだけでも、すっきりしますよ。**整理整頓**したり、**掃除**で汚れを落としたり、**いらない物を捨てて物を減らす。**どれも、目に見える物、外の状態を変える行動ですが、不思議なことに、**そうすることで心の中にも同じようなことが起こります。**

風水のスペースクリアリング（場の浄化）も原理は同じです。意識が現実を創ると言いますが、その反対もありで、外側ですることが自分の内側にも反映されるのですね。

また、体を動かしてなにかをすると、していることに心が向いて、嫌なことから気持ちが離れるという利点もあります。いまに集中することは基本中の基本ですね。

掃除や洗濯をして部屋や服がきれいになると気持ちが良くなることは、わたしも日々実感しています。特に、ヤカンの焦げ付きを磨いたり、台所のシンクを磨いたり、ガラスを拭いたりして、くもりがとれてピカピカになると、実に爽快です！　物を磨くことは心磨き。気持ちいいと感じるたびに、心の中でも同じことが起こっているのだろうと想像しています。

掃除だけでなく、規則正しい生活をするとリズムが生まれ、生活のリズムが整うと体も心も整います。自然には、天体のリズム、季節のリズム、1日のリズム、生体としてのバイオリズムなど、いくつものリズムがあります。それに逆らわず、リズムにのると心地良く、本来の状態に戻っていくのですね。これも外からの働きかけですが、ざわざわしていた心も落ち着いて、自然体になっていきます。

風水でもそのほかの開運法でも、いつもきれいにして物が少なく、風通しの良い状態にしていると、気の巡りが良くなると言います。それは部屋でも体や心の中でも同じこと。外側を整えると、心も自然に整いますよ。

ぼーっとする時間を作る

普通の生活をしていると、なにもしないでぼーっとする時間はほとんどありません。いつも家事や仕事、趣味、用事をしていたり、本を読んだり、テレビを見たり、音楽を聴いたり、出かけたり、移動したり、過ぎてしまったことを考えたり、将来のことを心配したりと、なにかしていると思います。

心も体もいつも忙しい状態では、余裕がなくなります。やりすぎると、心身のバランスを壊すことにもなりかねません。なにもしないのは怠けている＝悪いことで、常に忙しくしているのは良いことだとか、目的をもって行動しなければいけないという思い込みが強いのかもしれません。そんな誤った思い込みは、もう捨ててください。映画「プーと大人になった僕」の中で、くまのプーさんが疲れ果てたクリストファー・

ロビンに言った言葉にはハッとさせられました。「なにもしないって、最高のなにかにつながるんだ。ぼくは毎日『なにもしない』をやってる」

なにもしない時間こそが、新たな可能性を開いてくれるのですね。それなのに、どうしてネガティブな印象が強いのか不思議です。これからは、あなたも意識してぼーっとする時間を作ってみませんか？

仕事の合間や食事の後、午後のひとときなど、**3分でも5分でもいいから1人になって、窓から外を見たり、お茶を飲みながら、なにも考えず、なにもせずにぼーっと過ごしましょう。**いまは電車の中ではたいていの人がスマホを見ていますが、通勤時間を利用すれば、毎日ぼーっとする時間がとれますね。

そのときは、じっと見つめるのではなく、見ているものを目で追わないこと！　見ることが目的ではないので、焦点を合わせずになんとなく全体を見る感じにしましょう。目をつぶっても構いません。**心の中を空《から》にする**イメージで、なにも考えずにぼーっとしてください。

時間がとれるときには、静かな部屋でテレビもつけず、音楽もかけず、しばらく目をつぶっているのもお勧めです。そのときに**頭の中のおしゃべりがはじまっても反応せず**に、聞き流しましょう。

臨済宗全生庵の住職である平井正修さんは著書の『忘れる力』の中で、「さまざまな人から少しでも解放されることで、自分を大切にする「自分のための時間」を過ごすことができます」「静かな時間を持つことで、疲れた心の「新陳代謝」になります」と書いています。

最近は、瞑想《めいそう》や座禅をする人が増えています。お寺に行って座禅や写経をする若い人も珍しくありません。アメリカのグーグル社では、心をいまこの瞬間に向けるマインドフルネス瞑想を取り入れているほどで、マインドフルネスの本もいろいろ出ています。このような流れも、日々のストレスや頭の中の雑音から逃れて静かな時間を持ちたい、という無意識の現われではないでしょうか。

なにもしないと、肉体的に休めるだけでなく心の中が空になって、さまざまな雑事や頭の中をぐるぐるしている考えなど、すべてから解放される時間がとれます。ストレスにさらされている現代人にとって、これはかなり貴重な時間ですね。実際にやってみると、かなりすっきりして予想以上のリフレッシュになりますよ。メリハリがつくので、集中力も高まり、ぼーっとした後に良いアイディアがひらめくことも珍しくありません。

なにもしないのは「ありのままの自分でいる」ことでもあります。ただそこにいて、ゆっくりしているだけの自分。いつもなにかをしていなければ不安という状態から逃れて、なにもしないことに罪悪感がなくなれば、しめたもの。そういう自分でもいいんだと思えるようになると、自己肯定感が高くなってきます。**なにかをしている自分には価値があるけれど、なにもしていないと価値がないという、心のブロックがはずれるのです。**これはすごく嬉しい効果ですね。

いいことずくめの「なにもしない」時間。あなたも毎日の生活に取り入れて、上手に活用してください。

食べるものが心を変える

あなたは主にどんなものを食べていますか？　自炊派？　外食や買ってきたものが中心ですか？　和食派？　洋食派？　近年、健康への関心が高まって、食べるものに気をつける人が増える一方、ファストフードや添加物の多い食品でも気にしない人もいます。食べるもので体が作られると思うと、なにを食べるかはないがしろにできませんね。それに、苦手なものが減れば減るほど、食べる楽しみも大きくなります。

食べるものは心にも影響しています。心もあなたの一部ですから、当たり前ともいえますが、案外気にしていない人が多いようです。昔から、イライラするときにはカルシウムが足りないとか、水分が足りないなどと言われていました。最近では研究が進んで精神栄養学という学問もあり、さまざまな栄養や偏った食生活が心の病気に関係することが明らかになっています。食べものが心身の不調にどれだけ関係しているか、どんなものを食べればいいのかを書いた本もたくさんあります。

1日の質は朝食で決まるとも言われます。脳科学者の黒川伊保子さんによれば、幸せ脳を作るには朝食がとても大切だそうです。ポイントは卵などの蛋白質と野菜などの繊維質をパンやご飯（糖質）の前に食べること。それによって血糖値の乱高下を防げる上に、やる気を出して幸福感を生み出すセロトニンも出やすくなるとか。セロトニンは脳を活性化するので、朝これが出ないと一日中調子が出ず、仕事の効率も悪くなります。しかも、良い朝食をとると子どもの脳は自然に発達し、大人も思いやりが出てくるそうです。朝食には、そういう効果もあるのですね。

実は、この本を書く前に1か月ほど寝込んで、はじめの2週間は水のほかはご飯と梅干し、海苔を少ししか食べられませんでした。その後病状は良くなったのに体がだるくて気力も出ず、なぜだろうと思ったら、栄養不足が一因だと主治医に言われて驚きました。たった2週間で栄養不足になり、気力さえ出なくなるんですね。食べることの大切さを改めて感じました。

日本人の主食であるお米は、気（＝エネルギー）の宝庫とされるパワーフードです。食生活がいまほど豊かでなかった戦前の人たちが米俵を担げたのは、お米をしっかり食べていたからだと言われています。昔の「氣」という字の真ん中にあるのは「米」。「氣」はエネルギーを表す文字でもありますが、この「米」はエネルギーが八方向に広がる様子を表しています。お米は気そのものなのですね。そのほかに、気が豊富な食べものの代表は新鮮な生野菜と果物。特に、旬のものには気がいっぱいです。温室栽培でなく、露地ものの生野菜が手に入れば最高ですね。ニンニクやニラ、ナッツ類にも気が詰まっています。最近はお米を食べない人が増えていますが、**元気が出ないときには、お米や気の豊富なものを食べるとエネルギーの補給になりますよ。**

やる気が出ないなど、気がとどこおっているときには**水をたくさん飲みましょう。**気が流れるようになります。**深呼吸にも同じような効果がある**ので、両方を行うといいですね。

いまは食べものに関する情報があふれていますが、良さそうだというイメージだけで選ぶのは危険ですし、サプリメントや健康食品に頼りすぎるのは考えものです。「〜を食べればいい」という情報が1年後には変わっていたなんていうことは珍しくありません。外国発の情報は日本人に合わないこともありますし、個人差もあり、「〜がいい」と言っても、それは一般的な話だということを忘れないようにしてください。自分にはなにが合うのかを見極めて、情報に振り回されないようにしたいものですね。

食べて美味しいと感じるものは、いまの自分に合っている上に不足した気を補ってくれます。自分に合うかどうかは、食べて元気になるのか、体が重くなるのかなど、食べた後に心身がどう反応するかをよく観察するとわかります。とはいえ、あまり神経質になりすぎず、新鮮な旬のものや美味しいと感じるものをバランス良く食べるくらいのゆるい感じが無理なく続けられると思います。

食べるものに気をつけることは、自分を大切にすることにもなります。毎日バランスの良い食事を楽しんで、心身ともに健康に過ごしましょう。

お気に入りに囲まれる

いますぐ幸せになる簡単な方法の一つが、お気に入りの物を持つことです。持っているだけで、見るだけでニヤニヤしてしまう物が身の回りに増えると、幸せ度がアップしますよ。

特に、毎日使う物がお気に入りだと、使うたびに気分が上がりますね。満員電車で通勤するときにも大好きなパスケースを使っていれば、それを見るだけで一瞬でもほっこりします。会社では、書きやすく好きなデザインのペンを使うだけでも良い気分になれますね。可愛い我が子の写真や大好きなスターの写真を手帳にはっておけば、疲れたときやイライラしたときに、それを見て気持ちをリセットできます。スマホは1日に何度も見るので、お気に入りのケースに入れるのもいいですね。ご飯を食べるお茶碗やお箸をお気に入りの物に替えるだけでも、食事が楽しくなります。お風呂上がりのバスタオルがふかふかだと、幸せ気分が味わえます。

人によって「ここは外せない」というこだわりポイントがあると思います。まずは、そこからお気に入りに替えてみましょう。

お気に入りの物を選ぶときの基準は、世界的ベストセラーの『人生がときめく片づけの魔法』の著者、近藤麻理恵さんが「ときめく物だけ残しましょう」と言うのとまったく同じです。「ときめく」「好き」「心地良い」「安心する」など、自分が好きな物を選ぶだけ。値段や他の人にどう思われるかは関係ありません。「好き」だけを基準にして物を買うことは、金運アップにもつながりますよ。

そうはいっても、これから独立するとか引っ越しをするのでなければ、すでにいろいろな物があると思います。いま、あなたの周りにはどんな物がありますか？　とりあえず買った物や間に合わせ、特に好きでない貰い物、安いからと衝動買いした物？

それとも、大好きな物がたくさんありますか？

とりあえず買った物や間に合わせの物、安いからと買った物がたくさんあるなら、ちょっと考えてみましょう。**それを使うときや見たときに嬉しいですか？　心が和みますか？**

わたしが使っているマグカップはコンビニでもらった物ですが、ころんとしたフォルムが良い感じでワンポイントのイラストもシンプルだけど可愛くて、気に入っています。というより、このマグカップがほしくてスタンプをためました。こんな風に、使うときに気分がいい物はＯＫですが、なにも感じることなく、あるから使っている物が多いのなら、あなたは自分自身をあまり大切にしていないかもしれません。

とりあえず、とか間に合わせの物ばかり使っているのは、自分自身もそれと同じ価値だと無意識で思っているのと同じです。**大好きな人へのプレゼントは、間に合わせで買ったりしませんよね。心をこめて、相手が好きそうな物を選ぶはずです。それを**

自分自身にもしてあげてください。 あなたはこの世でたった1人の大切な人です。それなのに、とりあえずの物ですませていては自己肯定感が下がってしまいますよ。

高価でなくてもいいから、自分にも本当に好きな物を買ってあげる。 それを続けていると、自分自身も価値ある存在なのだと潜在意識に刻まれて、自己肯定感が高まっていきます。

白のパワーで開運

あなたのクローゼットにはどんな色の洋服が多いですか？　着るものによって気分も変わりますね。色の持つエネルギーはあなどれません。

自信のないときや目立ちたくないときには黒や濃い色の服を選んでいませんか？　わたしも昔は、無難だからと茶色や黒をよく着ていました。でも、あるとき「細胞が色のエネルギーを感知するので、黒を着ていると老ける」と言われてびっくり！　その後は色への意識が変わり、自分に似合う色を見てくれる人に「明るい色が似合う」と言われたので、明るい色の服を着るようにしました。明るい色を着たら、気分も明るくなるから不思議です。

あなたも、洗ったばかりの白いシャツを着たら、気持ちもしゃきっとしたという経験はありませんか？　張りがあるとか、くたっとしているなど、素材や質感も影響しますが、やはり大きいのは**色の力**です。

白は見た目に清潔感があるだけでなく、何色にも染まっていないとかリセットという意味があります。だから、白を着ると気分が変わるんですね。また、波動が高くて浄化力があり、邪気をはねのける強力な色でもあります。**肌に直接触れる下着やTシャツなどは、色のパワーが直接細胞に働きかけます。白い下着を身につけると白の浄化パワーが細胞を活性化して生命エネルギーが体を巡り、気のとどこおりを一掃してくれますよ。**

これまで暗い色を着ていたので、いきなり白や明るい色を着るのは抵抗があるという方は、明るい色のスカーフやアクセサリー、靴など、小物からはじめるといいかもしれません。慣れてきたら、面積を少しずつ増やしていくといいですね。

ファッションを変えたときには気恥ずかしいものですが、自分で思っているほど他人は気にしていません。はじめはなにか言われても、それを無視して好きな色を着ていれば周りも慣れますから、他人の目なんて気にする必要はありません。色のパワーを活用して、好きなファッションを楽しんでください。

自然に触れる

山や川、海、森、木の多い所など、自然の多い所に行くと、気持ちがいいですね。森や滝のそばはマイナスイオンが多いと言いますが、そういう難しいことはわからなくても「気持ちがいい」と感じるのは、わたしたち人間も本来は自然の中にいる生き物だからなのかもしれません。

太古の人は自然と共に生きていましたが、いまでは文明が進んで便利になった反面、自然から離れて生活する人が多くなってしまいました。土の道は舗装されて、木造の家も年々減っている中、特に都会に暮らす人には知らないうちにストレスがたまっています。大きな公園や田舎に行くと解放感を感じるのは、そのせいでしょう。

わたしは東京に住んでいますが、窓をあけていると小鳥の声や虫の声が聞こえてきます。春にはうぐいすも来るので、毎年楽しみにしています。あなたも花を活けたり、観葉植物を置いたり、近くの公園に行ったりして日常の中で自然に触れて、心も体もゆるませてください。道端の花に目をとめたり並木道を歩くだけでも、心のメンテナンスになり、ストレス解消にもなります。

自然と触れ合うとなぜ気持ちが良く、心身がゆるむのでしょう？　自然を肌で感じると自然の整った波動に共鳴するので、それまでに乱れていた自分の波動も整ってくるからだと言われています。嫌な気持ちというのは、人間にとって本来不自然なもの。自然でないからこそ「嫌」と感じるのです。触れるだけで不自然な状態を癒してくれるなんて、自然のパワーってすばらしいですね。

休みの日に自然の多い所に行ってのんびりするだけでも、エネルギーチャージになります。温泉も自然のエネルギーがたっぷりなのでお勧めですよ。

ただし、注意したいのは風が強い所。風が自分の「気」を散らしてしまうので、元気になるどころか体調を崩すこともあります。風の強い所には長居をしないように気をつけてください。

第1章のおさらい

♪気の巡りを良くするには

嫌な感情は水に流して、気持ちを切り替える。

時計はデジタルよりアナログ！
足首回しやストレッチで、気のつまりをとる。

歩いたり動いたりして、気を動かす。

掃除をして物を減らすと
新しいものが入ってくる。

水をたくさん飲む。
気の豊富なもの、自分に合うものを食べる。

なにもしない時間が、新たな可能性を開く。

注意したいこと！

黒や暗い色の服ばかり着ない。

風の強い所には、長居しない。

行動や目に見える外側を変えると あなたの内側（心、意識）も変わる！

♪良い気分でいるには

気持ちがいいのは、あなた本来の状態。

本当に好きな物だけを買う。
お気に入りに囲まれる。

♪波動を上げるには

ジャンプをしたり体をゆすって、魂を活性化。

上を見ると、気持ちも上向く。

胸を張って、自信をつける。

白い色のパワーで、細胞を元気に。

自然に触れて、乱れた波動を整える。

第2章

見えない力で開運

笑いは祓《はら》い

あなたは1日に何回くらい笑っていますか？　嬉しい、楽しいという気持ちは人に迷惑をかけないので、遠慮せずに笑いましょう。一緒にいるのなら、しかめっ面で愚痴ばかり言う人よりニコニコしている人の方がいいですよね。

微笑むだけでなく声を出して「ワッハッハ」と笑うと、お祓いにもなります。**笑い飛ばすという言葉がありますが、まさに邪気を飛ばしてしまうのです。**声を出して笑うととても気持ちがいいので、あなたもぜひ声を出して笑ってください。

人間の笑いや陽気さは神様の栄養になります。あなたの産土《うぶすな》の大神様（【マイ神様と仲良くなろう】101ページ参照）など守護のご存在は、あなたが笑うことで元気になります。「笑う門には福来たる」とはよく言ったもので、笑うと波動が上がって人も運も幸せもやってきます。良い波動にはそれに見合った良いものが引きつけられるのですね。

笑うことは心にも開運にも良いだけでなく、体にも良いことが科学的に知られています。**笑うと幸せホルモンのセロトニンが出てストレスが減りますし、免疫力も上がります。口角を上げるだけでも同じ効果がある**というのですから、驚いてしまいますね。落語や新喜劇、漫才を見て笑った後に血液検査を行ったら、免疫細胞が活性化したという臨床データもあるそうです。日常笑うことがない方は、楽しい映画や舞台、本などで、意識的に笑う機会を作るのもお勧めです。

笑うことは特殊な能力も技術もいらないし、お金も道具も必要がなく、いつでもどこでもできます。これほど簡単な開運法はありません。楽しいときや嬉しいときには遠慮せずに、大きな声で笑いましょう。笑いには、周りにも幸せをもたらしてくれるという嬉しいおまけもあります。

自分を褒めよう

自分を褒めたことがありますか？　誰かから褒めてもらおうと期待するよりも、頑張っているあなたを自分で褒めてあげましょう。**褒めるのは認めるということ。**それを日々積み重ねていると、これでいいと思えるようになって、自分のことが好きになり、自信もついてきます。

なにかをしたときに褒めるだけでなく、毎朝、顔を洗ったら、鏡に映った自分に向かって、「大好き！」「わたしってすごい」「いい顔してるね」「よく頑張ってるね」と言葉をかけてください。はじめは恥ずかしいと思いますが、周りに誰もいないときにすればＯＫです。わたしも最初は自分の顔を直視するのさえ恥ずかしかったのですが、いまでは習慣になりました。このときに大切なのは、照れずに満面の笑顔で言うこと！

ニコニコして自分を褒めると、良い気分で1日をはじめられます。

実はこれは、自神拝《じしんぱい》という古神道の秘儀に基づいたものです。 古神道では、人間は神様の御霊《みたま》を分けていただいて生まれるので、わたしたち一人一人の中に神がいると言います。すべての人が尊い存在なのですね。自分の中にある神、神性を拝むことでその波動を高め、魂の調和をはかるのが自神拝。これをすることで、魂の活性化にもなります。ここでは古神道を知らない人でもやりやすいように、「自分を褒める」という形でご紹介しました。

自分のことが嫌い、自己評価が低い、「わたしなんて」が口癖、いつも人と比べて落ち込むという人には特にお勧めです。だまされたと思って、ぜひやってみてください。

毎日自分を褒めていると、自分だけでなく、家族や友人知人、職場の同僚の良いところが目にとまって、自然に褒め言葉が出るようになります。 それで周りの人も幸せになれれば、これほどいいことはありませんね。

土用の期間は要注意

土用という言葉を聞いたことがありますか？　「丑《うし》の日にうなぎを食べるんでしょ」と思ったあなた！　その通りですが、実は、それは一部でしかありません。

土用は土旺用事《どおうようじ》の略で、年に4回あります。土台にあるのは、すべての物は木・火・土・金・水の5つからできているという陰陽五行説。季節を五行に当てはめると春は木、夏は火、秋は金、冬は水となり、各季節の終わりを土としたことから、立春、立夏、立秋、立冬の前の18日間が土用になりました。季節の変わり目でもあり、次の季節に向かう準備期間ともいえます。

土用の間は土の気が満ちています。**「土の気」**の破壊と再生の作用が強くなって、エネルギーが不安定なときです。そのため、昔から慎重に過ごすべき時期とされてきました。

わたしたちが特に気を付けたいのは、体調管理です。それでなくても季節の変わり目には体調を崩しやすいので、土用の期間はいつもより多めに眠り、無理をしないようにしてください。

土用の間は土を司る土公神《どくうじん》という神様が支配するため、**土を動かすのはタブー**とされています。地鎮祭や基礎工事、引っ越し、土いじりはやめましょう。

反対に、大掃除や整理整頓、虫干しなどは、次の季節を迎える準備になるのでお勧めです。**土用にはゆっくり休んで、部屋の整理などをして、次の季節に備えるのがいいですね。**

泣くのは浄化

あなたは最近、いつ泣きましたか？　子どものころは泣き虫だった人も、成長するにつれて人前で泣くのを恥ずかしく感じるようになるのか、大人になると人前で泣く人はあまり見かけませんね。

泣くのは自然な感情なのに、どうして「恥ずかしい」などと思うようになったのでしょう？　「人前ではきちんとしているべき」「泣くのは弱みを見せること」という考えや、感情を表に出さず体裁を取り繕う風潮から生まれたのかもしれませんが、よく考えたらおかしなことですね。

実際は、思いっきり泣くとすっきりします。**我慢すると感情を心の中に押し込めて**

しまいますが、泣くと感情を出すのですっきりするのでしょう。我慢したり感情をため込むのは、体にも心にも良くありません。

泣くのがストレスの発散になることは、医学的にも証明されています。涙には副腎皮質刺激ホルモンなどのストレス物質が多く含まれていて、泣いた後には血中のストレス物質が減ったというデータもあるとのこと。**ストレスの原因になる物質が涙で外に出る**んですね。人間の体ってすごいと思います。ただし、このときの涙は感情が高ぶったときに出る涙なので、玉ねぎを切ったりゴミが目に入ったときの涙は違うようです。

涙を流すのは、悲しいときや悔しいときだけではありません。わたしは感動すると、すぐに涙が出てしまいます。感動的な映画やテレビを見たり、本を読んで、「優しい人だな」「すばらしい！」「ありがたい」など、ちょっとしたことで涙腺がゆるみます。自分では感動したと思っていなくても、なぜか涙が出ることもあります。きっとなにかが心の琴線に触れたのでしょう。その反面、悲しいとか悔しいと思って泣くことはほとんどないから不思議です。以前は涙もろい自分を恥ずかしいと思っていましたが、最近は感情を出すことにも弱みを見せることにも抵抗がなくなったので、ぼろぼろ泣いています。他人は自分が思っているほど気にしていないので、泣きたいときは我慢しないで泣きましょう。

泣きたいときに泣くとすっきりしますし、涙を流すと心がゆるみます。すると、本来の自分にはない余分なものが出ていきやすくなるんですね。涙を流すことは、ため込んでいたものやネガティブな感情、ストレスを「洗い流す」こと、つまりデトックス（＝浄化）なのです。**浄化されると「気」が良くなる**ので、すっきりして本来の自分に戻り、気分も良くなります。涙を流して楽になり、心もクリアになるなんて、涙の浄化作用はすばらしいですね。

最近では、泣ける映画や舞台を観たり、音楽を聴いたりして、能動的に涙を流して心のデトックスをはかる「涙活」という活動もあるほどです。あなたも泣きたいときには遠慮せず、思いっきり泣いて心のデトックスをしてください！

声で気を整える

開運している人の共通点の一つが、声が大きいことです。大声で話すのは、「はしたない」とか「ずうずうしい」など、あまり良い感じがしないかもしれません。でも、小さい声でぼそぼそ話す人よりも、大きな声ではっきり話す人の方が元気な印象を受けますね。実業家の松下幸之助さんが従業員を採用するときには運が良いと思っている人を選んだといいますが、実は声の大きさも重視していたそうです。

というのも、**声はエネルギー**だからです。声を出すことはエネルギーを出すこと。毎日大声で泣く赤ちゃんは元気いっぱいですし、子どもや学生が集まるとにぎやかですね。大人でもおしゃべりな人は明るく元気な人が多いものです。日本語の声の出し方は腹式呼吸ではないので、小さい声、弱い声になりがちです。でも、声が小さいと元気がないと思われたり、話をしていても何度も聞き返されたり、自信がないように見えたりして、あまり良いことがありません。それを思うと、大人になるにつれて大きな声を出す機会が減ってしまうのは、とても残念な気がします。

ただし、声はやたらに大きいのが良いとは限りません。むしろ、よく響く声の方が聴きやすいものです。**声が響くということはそれだけ体が振動していることになり、それがエネルギーになります。喉だけで大きな声を出そうとせず、お腹から声を出して体に響かせるイメージをしてください。**うまく響かないときには、「あ」や「お」などの母音を長くのばしてみましょう。大きな音を出す必要はありません。声を出すというより、笛のように音を体の中に響かせます。そうすると声の響きで心身が振動して活性化します。音の波動で心身の不調を癒すことは、昔から世界中で行われてきました。また、音の波動には祓いのパワーもあるので、大きくよく響く声を出すと、余計なものが祓われてすっきりしますよ。カラオケやコーラスで思いっきり歌うと気持ちがいいのは、邪気が出てストレスを発散できるからだと思います。

わたしは自分の声が低くこもっているのがすごく嫌でした。きれいな声にあこがれて、自分の声をなんとか改善したいと思い、3年間ボイストレーニングに通ったことがあります。そこは歌のためのボイストレーニングとは違い、自分本来の声を取り戻して響かせるというものでした。そのため、わたしが憧れていたきれいな澄んだ声にはなれませんでしたが、声の響かせ方を学んだお陰で話し声も前より大きくなりました。これには後日談があり、両親が80代と90代になって耳が遠くなってしまったいまは、ボイストレーニングのお陰で何度も聞き返されずに話ができています。大きな声ではっきり話すと、コミュニケーションも円滑になりますね。

音によるヒーリングの本を読んだり体験して後から知ったのですが、ボイストレーニングで学んだ**自分本来の声**は思っている以上に大切なものでした。**誰にでも固有の声があり、それがその人の波動そのものなんです。**だから、無理に作ったような声では本来の波動とずれるので、説得力に欠けたり、魅力的でなかったり、その人らしくない印象を与えてしまいます。また、本来の波動でいると、心身の調子も良くなるというデータもあるそうです。

こんなに良いことがたくさんあるのに声を出さないのは、もったいないと思いませんか？　独り暮らしの人だと、電話もせず買い物にも行かないと、なにも話さない日があるかもしれません。家族と暮らしていても、お勤めをしていても、大きな声で話す機会は少ないかもしれませんね。日常でも大きな声を出す機会を作りましょう。話すときに意識して大きめの声を出すと、それが習慣になります。自分の部屋や車の中、カラオケなどで思いきり歌うのもいいですし、お風呂の中は良く響くので気持ち良く声が出せますね。声のパワーでいらないものを祓って、元気に過ごしましょう。

足の裏から開運

足の裏を刺激することで体の不調を改善しようという考え方は、古代エジプトやインド、中国にまでさかのぼります。現在も、リフレクソロジーや足ツボマッサージなど、世界各国でさまざまな形で行われていますね。わたしも、韓国に行ったときに足ツボマッサージを受けたことがありますが、足の疲れがとれただけでなく、全身がすっきりしてとても気持ちが良かったです。

足の裏にたくさんのツボがあるのはよく知られていますね。その中に湧泉《ゆうせん》というツボがあります。湧泉の「湧」は湧《わ》くという意味。このツボを刺激すると生命エネルギーが湧くという重要なツボです。この湧泉は疲労回復やリラクゼーションに良いと言われていますが、実は、ここは邪気やネガティブなエネルギーが出るところでもあります。悪い気が出るから気持ちが良くなり、リラックスするのでしょう。わたしは開運の師匠にこのツボを開いてもらったので、ときどき、足の裏からなにか熱いものが出ているると感じることがあります。その後はすっきりするので、きっと体の中の悪い気が出ているのだと思います。

足の裏は邪気がたまりやすいところです。靴下や靴の中が蒸れて臭うのは、邪気がたまっているのが一因です。**足の裏をマッサージ**すると体中の気のつまりがとれるので、悪い気が出て開運にもつながります。

そのほかにも簡単にできるセルフケアとして、**外から帰ったら足の裏を洗いましょう。ツイてないときには、少量の粗塩で洗うのがお勧め。**足用のブラシでしっかり洗うのもいいですね。昔はたわしで洗うといいと言われていましたが、いまは身体用のボディたわしもあります。足裏を磨くように洗えば、マッサージになる上に角質もとれ、すべすべになります。そうなると、邪気もしっかり出せますね。足裏をブラッシングすると血中酸素濃度が上がって、毛細血管が活性化するというデータもあるそうです。特に、体が重い、なんだかうまくいかないというときには、ぜひやってみてください。

ちなみに、海水浴には抜群の浄化効果があります。天然の塩風呂のようなものですから納得ですね。そのときは、ぜひ裸足で浜辺を歩きましょう。体の中にたまった静電気や邪気が抜けてすっきりするだけでなく、大地のエネルギーを取り入れることができます。ただし、裸足で歩くときには貝殻や枝などで怪我をしないように注意してください。

Column
マットで開運

風水では玄関は気の出入口とされ、邪気もここから入ります。また、靴を脱ぐときには足から出る邪気の影響を受けます。外から入る邪気と足の裏から出る邪気を吸い取って運気をろ過してくれるのが玄関マット。優れものですね。玄関には必ずマットを敷きましょう。綿や絹など天然素材のものがお勧めです。また、悪い気をため込むので、掃除機をかけたり、ふるったり、定期的に洗って、いつもきれいにしておいてください。

玄関マットと同じような効果をもつのが、バスマットです。必ず裸足で踏む上に水分を吸うため、水のため込む性質のせいで、足の裏から出た邪気がたまってしまいます。バスマットは洗い替えを用意しておいて使うたびに洗い、完全に乾かして、いつも清潔な状態にしておきましょう。

靴は開運のパートナー

靴はあなたを行きたい所に連れて行ってくれるだけでなく、あなたの気を運ぶ開運アイテムです。良い靴をはくと、大地からの良い気を吸収してくれるとも言います。

【足の裏から開運】（73ページ）にも書いたように、足の裏から邪気が出て、それが靴にたまります。外から帰ったら靴を脱ぎっぱなしにせず、泥や汚れを取りましょう。靴の裏には外で踏んだ悪い気もついているので、水または塩水を含ませたティッシュで靴の裏も拭いてください。雑巾でもいいのですが、ティッシュだと毎回新しいものを使うので、古い邪気が移る心配もありません。1日はいた靴は乾かしながら休ませて、何足かの靴を交互にはくのがお勧め。これは靴を長持ちさせることにもなります。

ずっとはいている靴があるなら、**掃除機で邪気を吸ってから靴の中に粗塩を少しまくと浄化されます。水晶があれば、靴の奥に水晶を半日以上入れておく**といいですね。その水晶は粗塩を少し入れた水にしばらくつけてから流水で洗って浄化してください。

昔から、**良い靴をはくといいことがある**と言われています。靴を選ぶときには、高価な靴でなくても構いませんが、品質の良いもの、はいていてストレスのないものを選びましょう。合わない靴ほど辛いものはありません。良い気分どころか、靴のせいで泣きたくなるのでは困ります。

最近は素足で靴をはく人が増えています。オシャレな感じがするのかもしれませんが、清潔さを考えると良くありません。素足で靴をはくと足からの汗や邪気はすべて靴にたまり、蒸れて臭いの原因になります。靴下をはいていれば汗も邪気も靴下が吸収するので、靴への影響が減りますよ。靴下なら毎日洗濯できるから、いつもきれいでいられますね。靴に邪気をためないためにも、靴下をはきましょう。素足ではくサンダルは、帰ったら毎回靴の底と裏を拭いてください。

靴のかかとを踏むのもやめましょう。かかとは金運に関係しているとされていて、かかとを踏みつぶすのはお金を踏むのと同じです。それを聞いたら、かかとは踏めませんね。女性の場合、サイズが大きいハイヒールをはくと、歩くときにかかとが浮いてしまいます。それも運気を下げるので、注意してください。

靴をしまう**下駄箱も大切**です。定期的に掃除をして、必要以上に靴を詰め込まないこと。はかない靴をため込んでいると、運気が停滞してしまいます。下駄箱は中だけでなく、扉と上も水拭きしてください。玄関に靴を出しっぱなしにするのもＮＧです。玄関には余分な物は置かず、すっきりシンプルにしましょう。

運気をリセットしたいときには、靴を新しくするのがお勧めです。**足の裏からは邪気が出るだけでなく新しいエネルギーも入るので、新しい靴をはけば新しいエネルギーが入ってきますよ。**毎日はく靴だからこそ、靴を大切にするのは自分を大切にすることになります。足元だといっておろそかにせず、逆に足元を大切にすることで地に足がついた人生になっていきます。

きれいな髪で運気アップ

「緑の黒髪」「烏《からす》の濡羽色《ぬればいろ》」という言葉があるように、長い黒髪は昔の日本美人の条件でした。いまでも、つやつやした髪はきれいで、見ていても気持ちがいいですね。

大昔から、髪の毛には持ち主のエネルギーや念、霊力が宿ると言われてきました。亡くなった方の髪の毛を保管する遺髪という風習も、大切な人のエネルギーをこの世に残したいという気持ちからです。髪の毛をお守りの代わりに持つことで、無事に戦争から戻るという民間信仰もありました。「髪」は「神」に通じるとされ、巫女さんが髪を切らないのは霊力を落とさないためと言われています。

髪の毛にエネルギーが宿るという考えは日本だけでなく、世界各地に見られます。ギリシア神話のメドゥーサの髪は蛇でしたし、旧約聖書に登場する怪力のサムソンは長く伸ばした髪を切られて力を失ってしまいました。ハワイでは髪にマナ（霊力）が宿るとされているので、髪を切ってはいけないという考え方があったそうです。フラダンスを学ぶ人たちは伝統や文化、風習の継承者なので、簡単には髪を切れないと言います。だから、フラダンサーはロングヘアなのですね。

紙くずが落ちていても気持ちが悪いとは思わないのに、髪の毛が落ちていると気持ちが悪いと思いますし、遺髪を編んだアクセサリーには抵抗感がある人もいます。わたしたちも無意識に髪のエネルギーを感じているのでしょう。

髪を切るとすっきりするのは、厄落としになるからです。髪は陰陽五行では水にあたり、陰の気の性質があります。水はさまざまなものをため込む性質があり、陰の気は陰のものを呼びますから、髪には邪気がたまりやすいのです。**邪気は特に毛先にたまるので、伸びた毛先はこまめにカットしましょう。**髪には邪気に限らず、感情や念もたまります。だから、髪をばっさり切ると**気持ちがリセット**できるのですね。僧侶が剃髪するのも、俗世の煩悩《ぼんのう》を断ち切るためなのです。

また、**ブラッシングは簡単な厄落とし**になります。外から帰ったらブラッシングするのを習慣にしましょう。

髪が清潔だと、なにより自分が良い気分でいられます。毎日のヘアケアでツヤのあるきれいな髪を保って開運しましょう！

つまりを取る排水口掃除

水回りを清潔にしておくことは開運の基本です。台所や洗面所、トイレ、お風呂をていねいに掃除している方も多いことでしょう。ステンレスのシンクや蛇口などをいつもピカピカにしておくと気持ちがいいですね。金運アップにもつながると言います。

清潔にしていると気の循環も良くなります。きれいな所で「気持ちがいい」と思うのは、無意識に気の良さを感じているから。わたしたちの感覚は自分が思っている以上に敏感です。反対に「不快」だと感じるのは、気がとどこおっている所です。汚れている、ヌメリで気持ちが悪いと思う所は、衛生上良くないだけでなく悪い気がたまっているのです。

汚れやすいのに案外見落としがちなのが、排水口です。ちょっと掃除を怠ると汚れがたまったりヌルヌルしてくるので、使うたびに掃除をしましょう。わたしは台所で夕食の食器を洗った後に、シンクと排水口も洗います。ついでにするので苦にならないし、時間もかかりません。お風呂も出た後に排水口をスポンジでふいておくと、ヌルヌルになりません。日々の「ついで掃除」をしておくと、本格的に掃除をするときにもすごく楽です。

排水口を掃除しているのに、洗面所で水の流れが悪くなることがありませんか？　なにかを落とした覚えがなくても、石けんのかすや髪の毛、皮脂などの汚れがたまって、流れが悪くなってきます。そうなると水の流れだけでなく、悪い気も流れないので運気が下がってしまいますね。深刻な状態になる前に、排水管用の洗浄剤か重曹と酢で汚れをとかしてきれいにしましょう。水がさーっと流れるようになると気の流れも良くなります。

実は、**これを定期的にしていると常に気が流れるので、運気アップにつながります。**

なにか停滞していると感じるときに排水管を掃除すると、気のつまりがとれて物事がスムーズにいくようになったというのは、よく聞く話です。排水口も排水管もいつもきれいな状態にして、水も気もよく流れるようにしておきましょう。

スケジュールをあけよう

あなたのスケジュールはぎっしり詰まっていませんか?

○仕事が忙しい
○やることが多すぎる
○友達と遊びたい
○予定のない日があると不安
○誘われたら断れない

など、スケジュールがいっぱいなのにはさまざまな理由があると思います。

わたしも数年前まではスケジュール帳に空白がありませんでした。でも、そういう生活が続くと、充実している反面、疲れてきます。動いてばかりなので、心と体が休まらないんですね。思い切って予定のない日を作ってみたら休養がとれるようになり、気持ちにも余裕ができました。いまでは、心身ともに休むことはとても大切だと感じています。**オフのときに十分休むからこそ、オンになったら活発に動けるのです。**空いている日があると、追われている感がなくなるのも大きいと思います。忙しいときにはわかりませんが、余裕が出てきてはじめて、常に追われている感じがあったことに気づきました。知らないうちにストレスを抱えていたのです。

空白を作るとそこに新しいものが入ります。これは宇宙の法則であり、風水でもスペースをあけると新しい気が入ると言います。スケジュールも同じで、**空白があってこそ新しいものが入る余地ができます。**予定がいっぱいでは、突然のお誘いや魅力的なイベントがあっても参加できません。それが思わぬチャンスになることもあります。

あなたも思い切って、気の進まないお付き合いやどうでもいいことをやめてみませんか？　新たなものが入って、これまでにはなかった可能性が開けるかもしれません。

憧れの人に近づくには

憧れの人のようになりたければ、その人の真似をしようとか、その人になりきったつもりで行動しようと言われています。憧れの人のしぐさや姿勢、表情、言葉遣い、服装、持ち物、どんなものを食べているのか、どんな音楽を聴いているのか、どんなお店に行くのか、お気に入りのホテルはどこか、女性であれば、お化粧の仕方や髪形など、細かいところまで真似をしてなりきっていると、いつしか、それが自然に身につくのです。なりきることで脳をだますという言葉は悪いのですが、それが自分のスタイルだと勘違いさせるのですね。

このときに大切なのは、**外見だけ真似するのではなく、憧れの人のようになったときに感じる、優雅さや豊かさ、ワクワク感、安心感、解放感などをしっかり体感する**

こと。体感は潜在意識に入るので効果は大きいですよ。また、憧れの人なら、どんな風に考えるだろう、ここではどうするだろう、なにを選ぶだろうと、**その人の価値観、視点で考えてみる**と、脳の中にいままでとは違う回路ができてきます。

これは一見、憧れの人のようになろうとしているように見えますが、言葉を変えると、**その人の波動に合わせている**ことになります。外面も内面も徹底的に真似をすることで、同じような波動になる訳です。同じ波動になれば、たとえ外見は違っても、「いいな」と憧れているところがあなたにも備わってきます。たいていの人は波動のことは考えずに、外側を真似ることで憧れの人のようになろうとしますが、波動を合わせることを意識すると、さらにその人に近づけます。

ただし、憧れるのはいいのですが、それが行き過ぎて自分をなくすのは問題です。どんなに真似をしてもその人にはなれないし、そっくりになったとしても、本物でなく「そっくり」にすぎません。あくまでも、あなた自身の良さを活かしつつ、憧れの人のすてきな部分を取り入れる、ということを忘れないでくださいね。

お風呂で厄落とし

お風呂に入るのは、リラックスして体の汚れを落とすためだと思っていませんか？もちろんそれもありますが、お湯につかることで、その日についた厄や悪い気を落とすのも大切な役目です。実は、お風呂は浄化の場。そのためにはシャワーですませず、**湯船につかる**のが大切です。

お湯に入ると、すごく気持ちがいいですね。自分ではわからなくても体の毛穴が開いて悪い気が出ていくので、気持ちがいいと感じるのだと思います。カラスの行水という言葉がありますが、浄化をするにはカラスの行水はＮＧ。お湯はあまり熱くせず、リラックスして入れる温度にして、ゆっくりつかってください。そのときには仕事のことや「～しなければよかった」という後悔、明日やらなければいけないことなどは忘れて、**ただただ良い気持ちになって心身をゆるめてのんびりしましょう。**好きな香りの天然アロマをお湯にたらすのもいいですね。わたしは重曹をお湯に入れています。毛穴が開きやすくなって、お肌もつるつるになりますよ。食用の重曹なら安心ですね。嫌なことがあったり、リセットしたいときには重曹の代わりに、粗塩一つまみ、または日本酒一カップを入れると、浄化の効果が高まります。

お風呂の残り湯には皮脂の汚れだけでなく邪気も入っているので、すぐに流しましょう。残り湯で洗濯をするのもお勧めできません。防災などの理由でためておきたい場合は、必ず湯船に蓋《ふた》をしてくださいね。

お風呂場は汚れを落とし、浄化をする所なので、健康運、美容運、金運に直結すると言われています。運気をアップするためにも余分な物はおかず、いつもきれいにしておきましょう。わたしはお風呂上りにさっと掃除をして、次に入る前にもう一度掃除をします。そうするときれいな状態が保てる上に、掃除も楽ですよ。そのときには排水口の掃除も忘れずに！

お風呂からあがったり、顔や手を洗った後はタオルで拭きますが、このときにタオルが水分や汚れだけでなく、悪い気も取ってくれます。タオルは厄落としでもあるんですね。その意味でも、タオルやバスマットは毎日洗いましょう。また、白にはその日のことを翌日に持ち越さないという意味もあるので、白いタオルは疲れやネガティブなものをリセットしてくれます。すっきりしたいときには、白いタオルを使ってみてください。肌触りの良いものをそろえておくと、拭くたびに気持ちが良くなって波動も上がります。

日本には昔から季節のお風呂、**季節湯**があります。空海が薬湯《やくとう》として設けたことがはじまりで、「季節を肌で感じられる」と庶民にも広く浸透したと言われています。よく知られているのが端午《たんご》の節句の菖蒲湯《しょうぶゆ》と冬至《とうじ》のゆず湯。季節の節目に浄化をして、リセットをするのが目的です。そのほかにも春の桜湯、夏の薄荷湯《はっかゆ》、秋の菊湯、生姜湯《しょうがゆ》、冬の松湯、みかん湯などがあります。季節ごとにお風呂で疲れを癒して浄化をする先人の知恵を、あなたも生活に取り入れてみませんか?

寝室をパワースポットに

1日のうち約3分の1は眠っている時間だと言います。家でいちばん長い時間を過ごすのが寝室になりますね。**睡眠は体を休めて疲れを回復させると共に、1日の厄を落として新しい気を取り入れる、とても大切な役目があります。**それを最大限に活かすために、寝室を整えませんか？　知らずに逆効果のことをしていると、もったいないですよ。

では、どんな寝室が良いのかといえば、基本は換気と掃除。起きたらカーテンと窓を開けて換気をしてください。朝、風を入れることで気の流れが良くなり、夜中にたまった気を出して良い気を入れることになります。眠っているときに気が乱されないように、寝室には余分な物はおかず、いつもきれいに掃除をしておきましょう。

カーテンといえば、遮光カーテンは朝日をさえぎってしまうのでNG。レースのカーテンは良い気をとどめてくれるので、布のカーテンと二重にしましょう。

枕の位置はとても大切です。北枕は縁起が悪いと思われていますが、実は**北枕がお勧め。**これは科学的にも説明することができます。**地球の磁界は北極から南極に向けて流れているため、北枕で寝ると頭から足に向けて磁気が流れて血流が良くなり、疲れが取れやすくなるのです。**

陰陽五行では寝ている間の人間は「水」の気になっていると言います。シーツや布団、枕カバー、パジャマは、**「水」と相性の良いコットンや天然素材のもの**を選びましょう。直接肌に触れるシーツやパジャマ、カバーは良い気を取り込むフィルターの役目をしてくれるので、**こまめに洗濯する**のが吉。洗えない布団類は、日に当てるか布団乾燥機でふっくらさせてください。

あなたの枕元は時計や本、ティッシュ、水、スマホなどでごちゃごちゃしていませんか？ 邪気がつかないように、枕元に置く物は最小限にしましょう。**コップ1杯の水を蓋《ふた》をせずに置いておく**と、体から出た邪気や余分な電磁波をコップの水が吸ってくれるので、すっきり目覚められます。夜の間に喉が渇いたときは、この水は飲まないように注意！ 飲むのは別の水にして、コップの水は朝になったら捨ててください。わたしはこれを知る前から、旅行に行ったときに乾燥を防ぎたくてコップの水を枕元に置いていましたが、本当に気持ちよく目覚められます。

目覚まし時計の代わりにスマホを枕元に置いている人も多いのですが、電磁波は気を乱すので、スマホや電気製品は寝室に持ち込まないのがベストです。どうしても置きたいときには、なるべく枕から離してコットンのハンカチやタオルをかけると、気が乱れるのを防げます。

鏡やテレビがある寝室には注意が必要です。ホテルには多いのですが、寝ている姿がそこに映ると気が吸い取られると言います。眠るときには鏡やテレビにカバーをかけてくださいね。風呂敷を持っていると、旅先でもカバーができます。

眠るときに寝室を真っ暗にしていませんか？　その方がよく眠れるとか、暗くないと眠れないという人もいますが、真っ暗な部屋は陰の気が強すぎて良い気が訪れません。眠っている間に新しく良い気をチャージできないと困りますね。睡眠の妨げにならないように、ほのかな灯りを足元に置くなど、寝室が真っ暗にならないように工夫してください。

風水では「運気を揺さぶる」という言葉があります。インテリアを変えることで新しい気を入れてみましょう。季節に応じて小物を取り換える、ベッドの向きを変える、シーツを新しくするなど、ときどき寝室の模様替えをして気を新しくすると、運気のリセットができます。

ここに書いたことを実行すれば、あなたの寝室がパワースポットになりますよ。パワースポットで眠れば疲れも取れて1日の厄落としもできるし、良い気を十分にチャージして朝を迎えられます。最高の健康法にもなるので、ぜひ、できるところから取り入れてみてください。

吉方位旅行の裏ワザ

吉方位には良いエネルギーが豊富です。自分の吉方位に行って良い運を貯めましょうというのが、方位取りと言われる吉方位への旅行。自分で簡単に運が貯められる開運法です。

吉方位は、生年月日から九星気学で自分の本命星を調べて、その本命星の吉方位を見ます。「○月　吉方位」とインターネットで検索するとたくさんのサイトが出てくるので、すぐにわかると思います。**2泊3日程度の国内旅行なら月の吉方位、海外旅行や長期間の旅行なら年の吉方位を見てください。**吉方位の効果は距離と時間に比例するため、遠くへ長く行くほど効果が高まります。自分の吉方位がわかったら、その方位にある所に行くだけで方位取りができます。グループ旅行のときには、リーダーの吉方位に合わせてくださいね。方位を見るときには旧暦を使うので、いまのカレンダーではなく、旧暦で見るのをお忘れなく。

吉方位があるように凶方位もあり、凶方位に行くとマイナスの運気を受けて後でトラブルが起きたり、危険が伴うこともあります。吉方位に行くよりも**凶方位に行かない方がずっと大切です。**危険を避けるのは開運の基本中の基本。旅行に行くときには凶方位を避けてくださいね。凶方位も自分の本命星から調べられます。

方位取りは誰でもできる開運法ですが、方位に囚われすぎるのは感心できません。旅行を楽しみながら良い気を取り入れようくらいの気軽な気持ちで行ってください。

吉方位に行ったら、まず自分をその土地の波動に合わせるのがポイント。人間も物も、いる場所の波動になじんでいますから、なるべくはやく移動先の波動に変えましょう。それによって、現地のエネルギーを受け取りやすくなります。一番簡単なのは、**着いた先で売っているペットボトルの水を飲む**ことです。水は波動が写りやすいので、売っている土地の波動が入ります。生産地を気にしなくても、そこで売っているものを買えば大丈夫です。

名水が湧いている所があれば、それを飲んだり、許可されていれば持ち帰るのもお勧め。いわゆるお水取りですね。名水だけでなく、名物やその土地で採れたものを食べると、現地のエネルギーを直接体に入れることができます。温泉には大地のエネルギーがたっぷり入っているので、その土地の気をもらうのには最適です。神社仏閣にお参りすると、土地の神様へのご挨拶にもなりますよ。その土地のエネルギーをもらうという点では、**行った先で最低でも1泊**するのが理想です。日帰りの場合は、昼寝でも構いません。

旅館やホテルの部屋に入ったら、何度か柏手《かしわで》を打ちましょう。柏手のパンパンという音でその場を浄化できます。好きなアロマやお香があれば、それを焚《た》くのもいいですね。ルームスプレーでもOK。気持ちが落ち着く上に浄化できます。ただし、火を使うときにはくれぐれも注意してください。

吉方位へ行くのは、良いエネルギーをもらうのが目的ですから、現地のものを飲食し、リラックスすることでそこのエネルギーになじめます。ゆったりした気持ちで楽しく過ごしましょう。良い気分でいることで、現地のエネルギーともなじみやすくなります。

マイ神様と仲良くなろう

神様というと遠い存在のように思うかもしれませんが、日本人にはあなただけを守ってくださる「マイ神様」がいます。それが**産土《うぶすな》の大神《おおかみ》様**。生まれる前から死んだ後まであなたを一対一で守護してくださる文字通り一生の守り神で、生涯変わることはありません。人間にたとえれば、親のようなご存在です。

マイ神様である産土様は、あなたが産まれた土地にいらっしゃる土地神様の一柱です（神様は一人ではなく一柱と数えます）。自然神なので、古事記などに出てくる人間が名前をつけた神様のように、固有の名前はありません。

その産土様と通じ合える神社が**産土神社**。あなたに**一番ご縁の深い神社**です。産土様は産まれた土地の神様なので産土神社も産まれた所にありますが、産土様との神縁で決まるために自宅に一番近い神社とは限りません。調べるには特別なリサーチが必要になります。自分の産土神社が知りたい方は、インターネットで「産土神社リサーチ」と検索すると鑑定する人が探せます（わたしも鑑定しています）。ただ、ここで紹介しているのは古神道に基づく産土神社なので、神社庁で教えてくれる産土神社とは異なります。また、教祖も教典もない神道は宗教ではありません。特定の宗教をお勧めしているのではありませんから、誤解のないようにお願いします。

自分の産土神社がわかったら、まずご挨拶に行きましょう。一生守ってくださるマイ神様と通じる神社ですから、近況を伝えたり、こうしたいと宣言したり、悩みを聞いていただいたり、親に相談をするような気持ちでなんでも話しましょう。神社で願い事をしてはいけないという人もいますが、産土様はあなたを守りたい、願いを叶えたいと思ってくださっているので、願い事はむしろ大歓迎です。何度もお参りして産土様と仲良くなればなるほど後押しもたくさんいただけるようになり、運が開いていきますよ。実は、**産土様と仲良くするのが開運の大きなポイントなのです。**

わたしは2006年に産土神社のことを知りました。さっそくリサーチを受けて自分の産土神社にお参りしたのですが、初めて行った神社なのになんともいえない懐かしさを感じたのを覚えています。その後、周りの人たちから自分の産土神社を調べてほしいと言われるようになって、開運カウンセラーの資格をとりました。自分が産土神社リサーチをするようになるとは思いもしませんでしたが、導かれるようにこの道に入り、いまは産土様のことを伝えているのですから、不思議な気がします。

産土神社にお参りするようになって、わたしは見違えるように体調が良くなりました。産土神社にお参りした後にどんな変化があるかは人それぞれですが、病気と共に生きてきたわたしにとって、これは最大の開運といえるかもしれません。その後も、交通事故に遭ったときに軽い打撲ですんだり、狭心症の発作が起きたときには一歩間違えば死んでいたかもしれないのに無事生還したり、帰宅困難者が続出した東日本大震災のときにも電車で楽に帰宅できたりと、「ここぞ」というときには必ず助けられてきました。産土様と仲良くしているお陰で守護と後押しをいただけて、心から感謝しています。

現代は産まれた土地に住んでいる人の方が少ないかもしれません。でも、産土神社が遠くてお参りできないと心配しなくても大丈夫です。**いまの家の近くに自宅の鎮守神社がありますから、日ごろはそこにお参りして、帰省したときに産土神社にお参りしましょう。**自宅の鎮守神社とは、産土様（親）があなたの住んでいる土地の神様（親戚の伯父様）に「うちの子をよろしく」とお願いして、あなたの担当になっていただいた神社です。

産土神社は一生変わりませんが、自宅の鎮守神社は引っ越しをすると変わります。自宅の鎮守神社も、産土神社リサーチのときに一緒に調べてもらえます。

自分だけを守護してくださるマイ神様である産土様と仲良くなることは一生の宝です。人間の親を大切にするように産土様も大切にしましょう。全国に神社はたくさんありますが、お参りするのなら、まず産土神社と自宅の鎮守神社です。マイ神様と通じ合える神社を大切にしつつ、その上で地域を守ってくださる氏神神社など他の神社にもお参りするといいですね。

Column 産土様と守護のご存在

わたしたちには、マイ神様の産土の大神様を筆頭に、鎮守の大神様、産土の守護仏様、ご本尊様、仏尊様、守護霊様、指導霊様、ご先祖様など、たくさんの守護のご存在がいます。大変ありがたく、心強いですね。

守護霊様とは、わたしたちを守護しながら自分たちも霊性を高めて、神様になる修行をしている霊格の高いご存在。普通は守護霊団として、1人の人間を多くの守護霊様が守ってくださっています。産土神社をはじめ、神社仏閣にお参りしていると、守護霊様の数も増えていきますよ（産土神社リサーチを受けると、守護霊団の数もわかります）。

産土様や鎮守様は神様で、守護仏様、ご本尊様、仏尊様は仏様ですから、ほかの守護のご存在とは別格です。混同しないようにしてくださいね。

空亡《くうぼう》は怖くない

人間の一生にはバイオリズムがあり、運気の停滞するときは誰にでも巡ってきます。停滞期のことを四柱推命では空亡、算命学では天中殺、六星占術では大殺界と呼び、12年に2年（年空亡）、毎年2か月（月空亡）あります。季節でいえば冬にあたります。

空亡の間は時間と空間の調和が崩れて気が不安定になるため、トラブルが起こりやすくなります。良いことも悪いことも「無」になるときなので、良いことが起きても悪いことが起きてもその効果がなくなります。悪いとは限らないのですね。悪いと決めつけず、春に備えて**エネルギーをためる時期**ととらえてください。

この期間は天の神様が味方をしてくれないので、見えない部分（＝地中）を充実することが大切です。マイ神様である産土様は土地神様ですから、しっかりお参りしましょう。土台が弱いと、枝葉をつけようとしても実りは得られません。産土様にお参りすると土台が整い、自分軸がぶれなくなります。だからこそ開運につながるのですね。そのためか、産土信仰をしている人は空亡の影響を受けにくいと言われています。

案外知られていないもう一つのポイントが**お墓参り**。お墓参りは自分の根っ子にあたる先祖を大切にすることですから、おろそかにできません。お墓参りというと普通は父方のお墓にお参りしますが、母方のお墓にもお参りできれば理想的です。陽の気をもつ産土神社と陰の気をもつ菩提寺やお墓にお参りすることで、陰陽のバランスがとれます。陰陽が調和されると波動が上がるため、空亡を上手に過ごせば転機になるのですね。

空亡の間は変化が激しく不安定なので、新しいことをはじめるのには向いていません。興味のあることを学んだり、資格をとったり、内側の充実をはかるのがお勧めです。動き回るより、ゆっくり休んで英気を養いましょう。

どのように空亡を過ごすかで、その後の人生が変わると言われています。むやみに恐れたり、なにもしないのではなく、ここでしっかり準備をしてエネルギーを蓄えておけば、春になって花を咲かせることができますよ。

節目節目で運気をリセット

日本には、四季折々に季節の行事がありますね。それを大切にするだけで、運気のリセットができることをご存知ですか？　わたしは節目を迎えるたびに、昔の人の知恵はすばらしいと、いつも感心しています。

まず、2月の節分。旧暦では節分の翌日の立春から新年が始まります。豆まきは子どもがするものと誤解されていますが、実は厄を祓って新年を迎える行事です。大人だけの家庭でも、豆まきをしてくださいね。柊鰯《ひいらぎいわし》を飾ったり、鰯を食べる地域もありますが、これも魔除けと邪気払いのためです。

節句は季節の節目に、無病息災、豊作、子孫繁栄などを願ってお供え物をしたり、

邪気を払う行事です。お正月が過ぎると七草粥を食べますが、その1月7日は人日《じんじつ》の節句。七草粥《がゆ》は胃腸をいたわると共に、薬草である七草でデトックスする意味がありますす。3月3日の桃の節句には人の形の紙に穢れを移して流す流し雛の伝統があるほか、桃は古くから邪気を払うものとされています。5月5日の端午の節句には、菖蒲《しょうぶ》湯《ゆ》に入って心身を清める習慣がありますね。7月7日の七夕は元来お盆の前に穢れを祓う行事で、笹を流すのも穢れを祓う意味があります。菊の節句と呼ばれる9月9日の重陽《ちょうよう》の節句の菊にも邪気払いの効果があります。

お正月が終わると、鏡開きのときに神様の気が入ったお餅を入れたぜんざいを作り、春分と秋分にはぼた餅やおはぎを食べます。このときに使う小豆《あずき》は邪気を払う食べものですし、冬至にはゆず湯に入って身を清めます。また、6月末と12月末には各地の神社で大祓《おおはらえ》の儀式が行われます。茅の輪をくぐったり形代《かたしろ》を納めて半年の穢れを祓い、心新たに前に進むためのものです。ありがたい行事ですね。

このように、日本人は昔から節目節目に**邪気払い**をしてきました。生きていれば、特に悪いことをしなくてもなにかしらネガティブなものがたまりますが、季節の行事はその穢れを祓って心身ともにクリアにする、リセットの機会なのですね。開運は祓いに始まり祓いに終わると言います。**季節の行事をていねいに行い、ともすると忘れがちになる浄化を定期的にする**ことで、運気のリセットをしていきましょう。

第2章のおさらい

♪浄化をするには

声を出して笑う＆泣いて、デトックス。

足の裏をマッサージして、邪気を出す。

髪の毛は、ブラッシングとカットで邪気払い。

お風呂で、心身を浄化。

季節の行事で、運気をリセット。

注意したいこと！

土用期間は無理をしない。土を動かさない。

どんな感情もため込まない。

裸足で靴をはかない。靴のかかとを踏まない。

玄関とお風呂のマットは清潔に！

♪波動を上げるには

自分を褒めて、波動を上げる。

声の振動で、心身の調和をはかる。

吉方位に行って、良い気を貯める。

産土神社、鎮守神社にお参りして後押しをいただく。

♪気の巡りを良くするには

お風呂場や寝室には余分な物を置かず、
掃除と換気をして、水回りを清潔にする。

北枕で眠ると、血流が良くなる。

模様替えで、気を動かす。

スケジュールに空きを作って、チャンスに備える。

空亡（天中殺）の期間は英気を養い、次に備える。

第3章

良い気分の魔法で幸せになる

いつも良い気分でいる

「良い気分でいるだけですべてがうまくいく」と言ったら信じられますか？

生きていると、良いことが続く日と、ツイていないことばかり起こる日がありますね。それは運が良いとか悪いとか、単なる偶然ではありません。良いことを引き寄せるのは、同じ波動のものが引き合うのでわかりやすいと思いますが、実は、それだけではないのです。

「良い気分」「楽しい」「わくわくする」「心地良い」「安心」「落ち着く」「和む」と感じるのは、あなたが宇宙の本質とつながっているサイン。それがあなた本来の自然な状態なのです。**本来の状態だと、あなたが内に秘めているパワー、宇宙の源とつなが**

る限りなく豊かな力が最大限に発揮できます。だから現実でも良いことが起こるのですね。わたしはこれを**良い気分の魔法**と呼んでいます。

この魔法を使うためにあなたがするのは、**良い気分**でいることだけ！

そんなに簡単でいいの？　と思うかもしれませんが、宇宙の法則はとてもシンプルです。普通は、簡単なことより難しいことの方がすばらしいと思われていますが、実は、そうとは限りません。良い気分の魔法は、いつでもどこでも誰でも簡単に使うことができます。これほど便利な魔法がほかにあるでしょうか？　わたしはこれに気づいてから、毎日使っています。宇宙の源の力なので、いくら使っても減らないのも魅力ですね。

『引き寄せの法則』（エスター＆ジェリー・ヒックス著、吉田利子訳）にも、「あなたが良い気分でいること以上に大切なことはない」と書いてあり、これが一番のポイントだと繰り返し出てきます。

良い気分の魔法は、なにかが起こってもなにも起こらなくても、誰がなにをしようと、なにを言おうと、外の状況や他人には左右されません。**大切なのはあなたの気持ちだけ。**自分で自分の機嫌をとって、良い気分の時間が長くなればなるほど、幸せでいられますよ。この後で詳しく説明するので、あなたも今日からさっそく使ってみてください。

良い気分の魔法を使ってみよう

良い気分になろうと言われても、慣れていないと「どうすればいいの？」と思うかもしれませんね。そういうときには、まず体をリラックスさせて、心をオープンにしましょう。心を閉ざして殻の中に閉じこもっていると良い気分にはなれません。

イメージの中で、自分の心の扉を両手で大きく開いてください。イメージしにくければ、実際に手で扉を開く動作をするとわかりやすいと思います。扉が開いたので、明るい光がさんさんと差し込んできましたよ！

これだけでも、明るい気分になりませんか？　まだそんな風に感じないという方も大丈夫。感じていなくても、これで準備ができました。

はじめから心を変えようとするよりも、見える物を使う方が簡単です。第1章で紹介したように、**お気に入りの物をそばに置いて、見たり使ったりするのもその一つ。**たとえば、大好きなタンブラーを持って外出したら、それを見たり、それで飲むたびに嬉しくなりますね。スヌーピーの漫画の毛布を離さないライナスのように、持っているだけで安心する物を持ち歩いてもいいし、肌触りのよいハンカチをいつも持っていて、それに触って「気持ちいい」と感じたり、そこに好きなアロマオイルをたらしておいて香りをかぐのもいいですね。体感は心にも大きく影響して、即効性がありますお風呂にゆっくりつかるとか、肌触りの良い下着を着るとか、室内を快適な温度に保つとか、体を気持ち良い状態にすると気分も良くなります。

好きなことをするのも役立ちます。好きな音楽を聴いたり、映画を見たり、お菓子を作ったり、漫画を読んだり、ゲームをしたり、スポーツをしたり、絵を描いたり、歌を歌ったり、お友達とおしゃべりをしたり、ドライブをしたり……。好きなことをすると自然に気持ちが良くなるので、「良い気分になろう」と思う必要もありません。そのときには「仕事が残っている」とか「家事をしなくちゃ」といった、やらなければならないことはいったん忘れて、「お茶を飲みたい」「気になっているあの本を読みたい」など、素直にそのときの気持ちにしたがって楽しみましょう。

楽しかったことを思い出すのも有効です。子どものころの思い出やお友達との旅行など、楽しかったときのことを思い出して、「あのときは楽しかったな」と感じるだけでも和みますね。

1日を良い気分ではじめるのもお勧め！　目覚めたら、思いっきり伸びをしましょう。体がゆるんで気が巡るようになり、気持ちも良くなります。顔を洗う石けんを好きな香りの泡立ちの良いものにすると、そこでも気分が上がり、顔を洗ったらさっぱりして「いい気持ち」になり、肌触りのいいタオルで顔を拭いたら、また「いい気持ち」になります。朝食も大好きなマグカップで美味しいコーヒーを飲んで「幸せ」を感じ、焼き立てのトーストを「美味しい」と食べる。こんな具合に、「良い気分」の瞬間瞬間を続けていけばいいんです。これならできそうだと思いませんか？

良い気分で起きるためには、夜寝るときも大切です。1日の出来事をあれこれ考えて自分にダメ出しをする、なんていうのはやめましょう。その日にあった良いことを思い出して「ありがとう」と感謝して眠りにつけば、それが潜在意識に刷り込まれて、翌日も気持ち良く目覚められます。

良い気分の魔法では、「ワクワクする」のように心が大きく動かなくても構いません。もちろん「ワクワク」もいいのですが、「心地よい」「ほっとする」「安心する」「和む」「癒される」などの温かい気持ちや穏やかな感覚もＯＫ。「気持ちいい」などの体感も含みますし、体がリラックスしている状態もいいですね。

そもそも、「良い気分ってよくわからない」という方は、ここであげたようなちょっとしたきっかけを利用して、良い気分の体験をたくさんしてみてください。それでもまだわからなければ、子どものころや学生時代になにをするのが好きだったのか、なにに夢中になっていたのかを思い出してみるのもいいでしょう。そこにヒントが隠れているかもしれません。

いきなり「良い気分にならなければ」とか「ずっと良い気分でいよう」と思う必要はありません。初めてのことをするのですから、できないのが当たり前。まずは、さっきより少しでもホッとできたら大成功です！　焦らず、気楽に、リラックスして、「良い気分」を楽しんでくださいね。

嫌な気分は「違う」というサイン

本来のあなたの状態は良い気分でいることだと書きました（**【いつも良い気分でいる】** 116ページ）。でも、もやもやしたり、イライラしたり、嫌だと思ったり、腹を立てたり、後悔したり、悲しんだり、落ち込んだり、妬《ねた》んだり、なにもしたくなかったりなど、良い気分でないときもありますね。

そういうときは、ネガティブな気持ちを抑える必要はありません。人間だから、いろいろな感情が出るのは当たり前です。**感情を抑えるのは不自然なこと。**抑えるとそれをため込むことになってしまいます。どんな感情でも、それを感じている自分を否定したり、感じていないふりをしたり、ダメだと思うのはNGです。ネガティブなことを感じてはいけない、なんて思わないでくださいね。人に八つ当たりするのは問題ですが、他人に迷惑をかけないようにしながらも、怒っているときは怒る！　出て来た感情を感じ切ってあげれば、いずれは静まります。

覚えておいてほしいのは、嫌だな、もやもやする、違和感がある、というのは「違うよ」「本来のあなたとずれているよ」というサインだということ。感情を通して教えてくれているのですね。そういうときは、無理に進もうとしないこと。頭だけで考えると、「この方が得をする」「将来役に立ちそう」「せっかくここまでやってきたから」など、いろいろ思うかもしれません。でも一度立ち止まって、すぐには納得できなくても「本来の自分とずれている」らしいと受け止めて、そのままでいいのか自問してみましょう。そのときに大切なのは、頭で考えず、心に聞いてみる、感じること。**本来のあなたかどうかのセンサーは心にある**ことを忘れないでください。

本来の自分でいることほど大切なことはありません。自然な状態だからこそ、良い気分の魔法も使えるのです。「違うよ」「ずれてるよ」というサインを感じたら、無視して頭で考えることにしたがったり、見て見ぬふりをすることだけはやめましょう。

ネガティブな気持ちになったら

良い気分でいられるようになっても、なにかの拍子に嫌な気分になることがあります。人間ですから、それも仕方のないこと。良い気分でいる時間がかなり長くなっているわたしも、イライラすることも、腹の立つこともあります。そういうときに「ネガティブになるのは良くない」とか「わたしってダメ」なんて思う必要はありません。とはいえ、なるべくはやくネガティブな気持ちを感じ切って、気持ちを切り替えたいですね。

そのためには、**日ごろから自分が良い気分になれることをリストアップしておくと役立ちます。**外出先で使えるように、すぐにできることも入れておきましょう。たとえば、こんなリストが挙げられます。

○憧れの場所の写真を見る（スマホの待ち受けがオススメ）
○きれいなマニキュアを塗る（手先は1日に100回以上も見るといいます）
○赤い口紅をつける
○好きな味のキャンディをなめる
○好きな香りをかぐ
○おいしいものを食べる
○漫画を読む
○ドライブをする
○ペットと戯《たわむ》れる
○ゆっくりお風呂に入る
○冬なら、モコモコの靴下をはく
○夏なら、アイスクリームを食べる

こんな風に自分のリストがあると、すぐに気持ちのスイッチが切り替えられます。リストに入れるのは、見るだけ、考えるだけ、するだけでニヤニヤしてしまうことがお勧めです。

ツイていない日には、「なんでこんなことが起きるの」「イライラする」「むしゃくしゃする」など、心もネガティブに振れています。そのときは、心のメーターを「良い気分」に変えましょう。心のメーターの針をネガティブからポジティブへ、マイナスからプラスに変えるイメージです。

なんとかして現実を変えようとジタバタしても、心がネガティブなままだと、かえって事態が悪化したり、自分ではどうしようもないこともあります。そのときのポイントは、先に心を「良い気分」に変えること。良い気分になると、問題だと思っていたことが気にならなくなったり、解決策を思いついたり、トラブルが解消したりと、現実が良い方向に変わりはじめます。

先日、それを体験しました。銀行に行ったら6つある窓口のうち2つしか開いていなくて、人がたくさん待っていました。「どうして窓口を開けないんだろう」と思ったときに良い気分の魔法を思い出したので、「でも、いま座れているし、休憩だと思ってゆっくりしよう」と気持ちを切り替えました。そうしたら、何分もしないうちに窓口が全部開いて次々に人を呼びはじめたのです。わたしも予想よりずっとはやく用事がすんで、びっくりしました。良い気分の魔法って、すごいです！

これを読んで「なんだ、そんな小さなこと」と思ったかもしれません。でも、**人生のほとんどは小さなことの積み重ね**です。小さなラッキーが続けば、その間はずっと幸せ気分。あなたもそんな風に、日々良い気分で幸せを感じていきませんか？

日ごろから自分のご機嫌をとって、なるべく良い気分でいる練習をしてください。いつもしていれば簡単にできるので、良い気分が習慣になれば最強！　習慣になれば、イラッとしてもすぐに戻せるようになります。

少しずつでもいいので、良い気分でいる時間を増やしましょう。こんなに簡単で効果のある魔法を使わない手はありません。

「気のせい」を無視しない

なんとなく気になる、こちらの方が良い気がする、薄々感じていた、などは**潜在意識からのサイン**です。「嫌だ」というのは「違うよ」というサインだと紹介しましたが、これはその逆で「ＯＫ」と教えてくれているのです。

より良い結果を得たくてシミュレーションしたり、過去のデータを元にしていくら考えてもアイディアが浮かばない。でも、考えるのをやめてふとしたときに、ひらめいた！　という経験はありませんか？

ひらめきも潜在意識からのサイン。頭で考えるのは顕在《けんざい》意識ですが、それを止めると潜在意識のサインをキャッチしやすくなるんです。**意識のうち顕在意識はたった3**

パーセントなのに、潜在意識は97パーセントもあります。潜在意識はすべてのことをわかっているとされる、とってもパワフルなお宝なのです。

潜在意識からのサインはさまざまな形でやってきます。直感でピンときた、「ふと」思いつく、ひらめく、「なんとなく」感じる、「~の気がする」などのほか、目に留まった本のタイトルやテレビから聞こえてきた言葉、人が話したことやいただいた物などからもたらされることもあります。

いつどんな風に来るのかわからないので、「単なる気のせい」と決めつけないことが大切です。気になったことは、やってみましょう。慣れないと見逃すこともありますが、気を付けていると「これがサインだ」とわかるようになってきます。

自分にとってベストなことを教えてくれるのが潜在意識。それを信じて行動すると、たった3パーセントの顕在意識では考えつかないすばらしい結果になることも珍しくありません。

以前はわたしも頭でっかちで、感覚を無視していました。というよりも、あまり感じなかったのかもしれません。でも、本を読んだりセミナーに参加して「感覚は大切らしい」と気づいてからは、気になることをするのにためらいがなくなりました。

わたしは産土神社に出合ってから、神様や宇宙、心など見えない世界への興味が強くなり、「良さそう」という直感から、心のブロックをはずす方法を学びました。自分の心のブロックをはずすとどんどん変わっていくのが面白くて、これができたら楽になる人が増えるだろうと、インストラクターにもなりました。そのときの生徒さんやインストラクター仲間のつながりで、いまや予想もしなかった展開になっています。これこそ、潜在意識にしたがって「気になる」ことをしていたら、頭では考えもつかない結果になった実例ですね。いま思うと、自分で選んできたのに、勝手にそうなったような不思議な感覚です。

潜在意識の力はすばらしいものですが、それを発揮させるためには全面的に信頼して任せることが大切です。途中で「大丈夫かしら」と心配して頭で考えてあれこれ行動すると、せっかく進んでいたことも止まってしまいます。東京から大阪まで行こうと車で走り出したのに、「着くかどうか心配」になって途中で別の道に行ったり、止まったり、車から降りてしまったら大阪には着きませんね。それと同じです。

このように書くとわかりやすいのですが、実際には途中であきらめる人がなんと多いことか！　なにかを願ったり、やりはじめても、すぐに結果が現われないと不安になるのが人間の性ですが、その**不安から行動しないこと**が最大のポイントです。

「気のせい」を無視せず、素直にしたがってみましょう。よほど危険なことでない限り大丈夫。お試しや体験ができるなら、そこからはじめるといいですね。やってみないとわからないこともあるので、いい感じだったら続ければいいし、思っていたのと違ったら、やめたり軌道修正すればいいんです。変化を実感できると、「これでいい」とさらに感覚を信じられるようになります。

潜在意識のサインにしたがって本来の自分からずれなくなってくると、良いスパイラル、幸せスパイラルがはじまりますよ。

好きを選び続ける

なにかをするときに、どういう基準で選んでいますか？「皆がしている」「勧められた」「役立ちそう」「得をしそう」「なんとなく」など、理由はいろいろあると思います。でも、気の進まないことをしても、良い気分にはなれませんね。

良い気分の時間を増やそうと思うのなら、第1章の【お気に入りに囲まれる】（46ページ）で書いたように、**選ぶ基準は「好き」にしましょう。**とりあえずとか安いからと買った物と、「好き」だから買った物とでは、心の満たされ方が違います。

「好き」を選ぶのは買い物に限りません。今日はどのアクセサリーをつけようかと迷ったときには、「無難だから地味なものにしよう」ではなくて、その日の気分で「これがいい」と思うものにしてください。カフェでも、いつもはブラックを頼むけれど、「今日はカフェオレが飲みたい」と思ったらそれにしましょう。「いつもこうだから」は関係なく、その日の気持ちを優先してください。

そうはいっても、なにが好きなのかよくわからないという人もいます。日ごろから周りに合わせていたり、我慢していると、感じにくくなってしまうのですね。わからないときには、なんとなく「気になる」とか「良さそうな気がする」「嫌でない」ものを選んでください。旅行先を決めるときには、たいてい「行きたい」所を選ぶので、その感じを思い出して日常でやってみるのもいいでしょう。

いきなり好きな仕事に転職するとか、引っ越すといった大きな決断をする必要はありません。まずは、小さいことから自分の「好き」を選びましょう。

○出かけるときになにを着るか。
○朝はなにを食べるか。

○どの食器を使うのか。
○どの靴をはくのか。
○休日はどんな風に過ごすのか。
○どこに行くのか。
○ビールにするか、ワインにするか。
○寝る前にどの本を読むのか。

などなど、**これまで何気なくしていたことを、意識して「好き」な方を選んでください。**

ただ、人と一緒のときや状況によっては思うようにできないこともあります。そんなときは「仕方ない」と割り切りましょう。「できない」と落ち込む必要もありません。なにがなんでも「好き」なことしかしないというのでは、わがままになってしまいます。**できるだけやればいい、くらいのゆるい感じがやりやすいし、長く続けられます。**

実は、この「好き」を選ぶことを徹底して行うだけで、「幸せ♪」と感じるようになります。あなたもぜひ、毎日の生活に取り入れてくださいね。

第3章のおさらい

♪良い気分の魔法って？

**「良い気分」でいると
自分本来の調和した波動になり、
宇宙の本質とつながる。**

そうすれば、あなたの内に秘めている
限りなく豊かな力が発揮できて、現実が好転する。

♪良い気分でいるために

お気に入りの物を見る、使う。
1日を良い気分ではじめる。
寝る前にその日の良かったことを思い出す。
「好き」なことだけを選ぶ。

日ごろから自分が気持ち良くなることを
リストアップしておくと
ネガティブになったときに気持ちを切り替えるのに役立つ。

注意したいこと！

嫌だな、もやもやする、
違和感があることは無理に進めない。

第4章

心の体質改善で楽に生きる

口癖を変えよう

考え方や心の癖を変えたいときに手っ取り早いのは、口癖を変えることです。口癖は何度も繰り返し使うため、周りの人にも自分自身にも言い聞かせることになります。それが潜在意識に刷り込まれ、言霊《ことだま》の力も加わって、考え方にも現実にも影響してくるのです。

口癖は人生を変える、運命を変えると言われています。いつもネガティブなことを口にしていると、脳にネガティブな回路ができて、気持ちもネガティブになってしまいます。逆に、いつもポジティブな言葉を口にする人は、気持ちも考え方も行動もポジティブになります。これを上手に使っていきましょう。

やめたい口癖は、聞いたときに嫌な感じがする言葉。たとえば、「でも」「だって」「どうせ~だし」。これは言い訳をしているのと同じですね。いつも「でも」と言っていると行動できません。「できない」「無理」は、はじめから否定して可能性を閉ざしてしまう言葉。「最悪」「疲れた」は、自分に悪い暗示をかけているのと同じです。

まずは、「そういう言葉を使わない」と決めましょう。癖ですから、意識しないとつい言ってしまいます。もし口から出てしまったら、次からは言わないように気を付ければOK。これを繰り返していけば、口に出す回数が減ってきます。

ネガティブな口癖をやめたら、良い言葉を意識して使いましょう。**「ありがとう」「嬉しい」「楽しい」「すてき」「大丈夫」「なんとかなる」などの、聞いて気持ちがいい言葉を選んでください。**聞いて気持ちがいい言葉には良い波動があり、それがポジティブな現実の呼び水になります。特に、「ありがとう」はとてもエネルギーの高い言葉です。気持ちをこめて口に出す回数が多くなればなるほど、心の栄養にもなりますよ。

口癖の効果を語っている人は大勢いますが、よく知られているのが斎藤一人さん。独自の人生観により多くのファンがいる斎藤一人さんには、こんな名言があります。
「成功する人は「良い口ぐせ」を持っています。失敗する人は「悪い口ぐせ」を持っています。たった、それだけで人生が決まってしまうのだから、こわいですよね。「ツイてる、ツイてる」っていう口ぐせは、あなたを絶対に幸せにする口ぐせです。ふだんから、何度も何度も言ってください。笑っちゃうほど、良いことが次々と起きますよ」（『ツイてるカード　珠玉の言葉八八』より）

言葉は言う人にも聞く人にも影響を与えます。だから、自分の口癖を変えるだけでなく、いつも愚痴や不満ばかり言う人から遠ざかることも大切。周りにそういう人がいたら、距離を置くようにしてくださいね。

言葉一つで心が動かされて、幸せにも不幸にもなります。だからこそ、日ごろからどんな言葉を使うかはとても大切です。いつも口にする口癖を変えて、人生を好転させましょう。

前提が大切

わたしたちはいろいろな状況に応じて、考え方の元になる前提をたくさん持っています。この前提を変えると心の体質改善になりますよ。たとえば、「男は男らしく、女は女らしく」「家事は女性がするもの」「皆と同じが良い」「大人になったら働くのが当然」「怠けるのは悪いこと」「結婚すれば幸せになれる」「わたしはお金には縁がない」「あの人にかなうはずがない」など、大抵の人に共通しているものから、個人の思い込みまでさまざまです。その中でもよくあるのが、「ない」「不足」という前提です。

小さいころから、「足りない」という前提の元に、それを補うために学び、「能力が足りない」から頑張る。大人になっても「お金がない」から働くなど、特に日本では「ない」という前提が当たり前のようになっています。

でも、本当に「ない」のでしょうか？　家もあるし、食べるものも着るものもあり、家族や友人もあり、平和があり、電気も水もガスも、電車も飛行機もあります。あなたは読み書きができるし、計算もできます。見ることも考えることもできます。**「ある」に目を向ける**と、既にあるものがたくさん見つかりますね。

まずは、考え方の前提を「ない」から「ある」に変えましょう。**前提を「ある」にすると、既に「ある」ものに目が向くようになります。**これだけでも、前に書いたように、あなたの周りには「ある」ものが随分多いことに気づくはず。そうすると心が満たされて幸せ度がぐんと上がり、自然に感謝が生まれます。

願い事をするときにも、前提が「不足」だと願いが叶いません。「もっとお金がほしい」と思うときに、その願いが「お金がない」「お金が足りない」という「不足」の前提から生まれたものなら、不足した状態が現実になり、どこまでいっても「もっと、もっと」ほしくなって満足できません。同じ「お金がほしい」でも、「夢を叶える」「親孝行をする」「旅行をする」「プレゼントをする」という気持ちから出た願いであれば、前提は「不足」ではありません。なにかを願うときにはこういう感じがいいですね。願うときには前提がとても大事です。**「〜したい」と思ったときには、それが不足から生まれたものでないことを確認しましょう。不足から生まれた願いだと気づいたら、前提を変えてくださいね。**

ほかにも、「できる」「簡単」を前提にすれば、新しいことでも簡単に感じて、自分にもできそうな気がしますし、「大丈夫」「なんとかなる」を前提にすると、根拠はなくても安心できます。

運よく朝の通勤電車で座れたら、「今日1日の運を使ってしまった」と考える人がいます。でも、同じことが起きても、「これはラッキーだというサインだから、ラッキーなことがもっと起こるに違いない」と考える人もいます。心がどちらに向いているかで、全然違いますね。ちなみに**運は減るものではない**ので、ラッキーなことが起きてもそこで1日分の運は終わりとか、運を使い果たした、なんていうことはありません。安心して、ラッキーなことを楽しんでください。

心をどちらに向けるかは、あなた次第です。**「ある」ものに目を向けていると不安がなくなりますし、楽観的に「なんとかなる」と思っていると、脳は「なんとかなる」現実を創ろうと動きはじめますよ。**

前提は自分の都合のいいように作ってしまえばいい訳です。思考の癖を変えるには、まず前提から変えていきましょう。

他人の目を気にしない

日本人は欧米人に比べて、他人の目を気にすると言われています。確かに、「他人の目が気になる」「他人と比べて落ち込む」というご相談はとても多いのが現状です。個人主義の欧米と違って、日本では皆と同じが良いという文化があるからでしょう。ある程度は仕方がないのかもしれませんが、それが行き過ぎてしまうと大変です。

○～したらどう思われるだろう？
○～と言ったら、変に思われないかな？
○この服装では浮いてしまうかしら？

いつも他人の目を気にしていたら、びくびくして心が休まりません。常に気を遣う上に他人軸で動くので、生き辛くなるのも当たり前ですね。

○嫌われたくない。
○良い人と思われたい。
○皆と違うのは恥ずかしい。
○できる人と思われたい。

このような思いが強くなると、自分の気持ちより他人を優先するようになります。人と比べたり、どう思われるかを気にしすぎると、良いことはありませんよ。

わたしも、ずっと他人の目を気にして、人と比べていました。若いころはおしゃれに興味のない自分を変人だと思っていたし、病気で太陽に当たれずいつも日傘をさしていることに、ひどい劣等感がありました。友達が「これが好き」と言ったら、自分は別の物が好きでも言えないなど、どう思われるかが気になって本音が出せませんでした。嫌なことも嫌と言えず、「良い人」になろうとしていたんですね。ずっと自分を抑えて無難にしていましたが、無意識でそんな生き方は窮屈だと感じていたのか、20代後半に「殻を破りたい」と思いはじめて、そこから少しずつ変わっていきました。

変われたきっかけの一つは、あるセミナーで講師の方が**「誰でも一番関心があるのは自分のことで、他人のことなんてさほど関心がないものよ。それに他人の意見なんてしょっちゅう変わるから、そんなものに振り回されず自分の好きなようにやりなさい」**と仰ったことでした。それまでは他人の目を気にしてばかりいたわたしには意外で、「え？　そうなの？」と、すとんと腑《ふ》に落ちたのです。

当時は自信がなくて他人に合わせていましたが、この先生の言葉を聞いて少しずつ自分のしたいことをするようにしたら、気持ちが楽になっていきました。他人に向いていた意識が「自分のしたいこと」に向くと、他人の目があまり気にならなくなったんです。**一番大切なのは自分の気持ち**だったんですね！

そのほかにも、セラピストになってからは「全員に好かれるのは無理」「自分は自分、他人は他人」と思えるようになったのも大きいと思います。小さいころから皆が持っている物をほしがっても、**母は「うちはうち、他の家は他の家」と言っていたのがようやくわかりました。**両親は古風なだけに、自分の意見をしっかり持っていたのです。自分の気持ちがぐらぐら揺れて他人の目が気になるときには、「自分は自分」と**割り切ることや他人の目を気にしすぎない強さ**も必要ですね。

それでもまだ他人の目が気になるなら、そういう人や場所から遠ざかったり、心地良い居場所を見つけるのもいいですね。心地良い場所は人によって違います。1人で自室にいるときかもしれないし、気心の知れた友達と一緒のときかもしれません。人目を気にせずにストレスなく過ごすことで、それ以外の所でも人目を気にすることが減ってきます。

他人の目を気にしすぎず、自分のしたいことをしていると、不要なストレスがかからないのでとても楽ですよ。あなたも、もっと自由に自分らしく生きてくださいね。

我慢はやめよう

日本では我慢は美徳とされてきたので、小さいころから「我慢しなさい」と言われ、自分の気持ちを抑えてきた人が多いと思います。あなたも、我慢することが当たり前になっていませんか？

でも、時代は変わりました。最近は我慢しないことを勧める人が出てきて、我慢は自分をいじめることになり、ストレスがたまって、人を不幸にするとも言われています。我慢しないことに悪いイメージを抱かなくなってきたのですね。

わたしもそれに賛成です！　なぜなら、我慢しているときは「良い気分」ではないから。本来の自分の状態ではないのです。我慢をするとそれが心の底に押し込まれて、たまっていきます。それでストレスがたまり、さらにひどくなると病気になってしまいます。そんなことは、絶対に避けたいですね。

あなたも今日から、我慢はやめて、自分が心地良くいられることを選んでください。他人を優先するのではなく、**自分を第一**に考えましょう。

自分を第一にするとは、自分の気持ちに素直になって、それを叶えてあげること。これは自分を大切にすることでもあります。他人を優先して自分をないがしろにしていると心がすり減ってきますが、自分を大切にすると心が満たされて、他人からも大切にされるようになります。これをわがままと勘違いする人がいますが、わがままは他人のことを考えずに、自分の都合だけで行動することです。自分を大切にするのとは違いますね。

我慢せずに自分を大切にするために必要なのは、**断り上手になること。**断ると嫌われるとか、相手に失礼だと思う必要はありません。依頼やお誘いを断るのは相手を否定することではないからです。むしろ、嫌なことを断れない方が問題です。とはいえ、「嫌です」なんてストレートに言って相手に不快な思いをさせるのはお勧めしません。はじめに「ありがとう」「そうですね」など、いったん肯定すると、拒否でなく受け入れの波動が相手に伝わります。その後、「残念ながら先約があって」「仕事が忙しいので」「余裕がなくて」など、差し障りのない理由を添えてていねいに断りましょう。

そうはいっても、社会で生活している限り、守るべき規則があり、会社や組織に属していると、その中での決まりごともあります。規則を守ろうとすると我慢しなければならないときもありますね。

そういうときには、規則を守りながら自分にとって心地良いことを選びましょう。視点を変えてみると、案外できることがありますよ。会社で、昼休みにも誰かが電話番に残ると決まっていることがあります。自分が電話番になったときにも、「どうしてこんな規則があるんだろう」と不満に思う代わりに、その日は美味しいお弁当を買って来るとか、本を読んで1人の昼休みを楽しみましょう。

それもできないときには、「我慢する」ではなく、「現実を受け入れる」に気持ちを切り替えるといいですね。**「嫌だ」とか「気が進まない」などの感情をくっつけずに、目の前の現実をそのまま受け入れてください。感情が入らないとただの現実があるだけなので、ストレスになりません。**

たとえば、持ち回りで自治会の役員が回ってきたら、そこに住んでいるのに自分だけ断ることはできませんね。そのときは「やりたくない」「面倒くさい」などと思わず、淡々とその仕事をしましょう。その上で、できるだけ短時間でその仕事を終わらせる工夫をしてもいいし、プライベートの時間にはそのことを考えないのもありです。我慢するのでも仕方なく嫌々するのでもなく、他の役員のことをジャッジしたり、会議で決まったことに不満を持ったりせず、目の前のことをそのまま受け入れて、必要なことをするだけ。

ここでは**感情をまじえない**ことが大切です。心の中で距離をとり、「自分が」という意識を捨てて、第三者のように離れた所からそれをながめるというとわかりやすいかもしれません。感じないようにするとか、感情を殺すのとは違いますから、くれぐれも間違えないようにしてくださいね。

でも、これはやむを得ないときの対処法です。日ごろは遠慮せずに、「〜したい」「好き」「心地良い」を選んでいきましょう。

完璧でなくていい

日本人には真面目な人が多くて、90パーセントくらいできないと「できる」と言わないそうです。子どものころから「完璧」にすることを求められる上に、社会でもミスを許さない傾向があるからでしょう。だから、完成してからでないと人前に出せないとか、失敗してはいけないという思いに縛られてしまうのです。

電車が時刻表の通りに来るのは便利ですし、完璧に仕上がった職人の手仕事はすばらしいものです。でも、いつも完璧でいなければいけないと思うと、しんどくなりますね。

キリスト教やイスラム教では、完全なのは神だけで人間は不完全な存在、と考えるそうです。そのため、**不完全な人間が作るものは完全でないという考えから、昔のパッチワークキルトには、「わざと」どこかに間違いを入れたものでした。**

『世界基準の幼稚園 六歳までにリーダーシップは磨かれる』の著者、橋井健司さんは、日本人が国際的に活躍できない理由の一つは完全でなければいけないという思い込みだと言います。海外の人たちは技術やアイディアが完全でなくても自信を持って伝えたいことを堂々とアピールするのに、日本人はすべてが完全でないと自信が持てません。「きちんと」準備をして、「きちんと」結果を出そうと思いすぎるのです。完璧主義は悪いことではないのに、それが裏目に出てしまっては残念ですね。

イギリスの国営放送ＢＢＣは、完璧主義の人は精神疾患になる危険性が高いと報じました。そんなことになったら大変です。その番組の中で、ヨーク・セント・ジョン大学のアンドリュー・ヒル教授は、「不安になったときに効果的なのは『自分にやさしくする』こと。完璧主義者にはこれが欠けています」と言っています。

完璧を求める人は自分にも他人にも厳しいのですが、「完璧でなくてもいい」と思えば優しくなれますね。そのときの合言葉は「まっ、いいか」。すべてをきちんとしようとせず、「良い加減」くらいが負担になりません。「きちんと」の代わりに「まっ、いいか」を口癖にすると、自他ともに寛容になれますよ。

もう、完璧主義はやめましょう。あなたも自分が完璧とは思っていないでしょう？それなのに不完全ではいけないと思うから、現実とのギャップがあって苦しくなるのです。それよりも、「不完全なのが当たり前」と開き直るといいですね。その上で、自分ができることを精一杯すればＯＫ！　いまの自分をいったん認める方が、自己肯定感も上がります。いまできるベストを尽くしていけば、自然にレベルアップして、少しずつでも完璧に近づいていきます。

ダメ出し厳禁

失敗したときや思い通りにいかなかったときに、「どうしてあんなことをしたんだろう」「～すればよかった」「わたしのせいだ」「わたしなんてダメだ」と、自分にダメ出しをしていませんか？

よく、自分を責めるのはやめようと言いますが、自分へのダメ出しが癖になっていると、やめようと思ってもなかなかやめられないのが困りもの。ここでは、その癖を直す方法を考えましょう。

なぜ、自分を責めてしまうのでしょうか？「～であるべき」と思っているのに、そうできないことに腹が立つのかもしれませんし、起きたことを自分のせいだと思ってしまうのかもしれません。**理想が高いのは悪いことではありませんが、それで自分を責めるくらいなら、できることを精一杯する方がずっと建設的です。**

また、本当は他人に腹を立てているのに、それが出せないので、怒りを自分に向けていることもあります。小さいころから「怒ってはいけません」と言われて、それが身につきすぎてしまうと、怒りを出せなくなってしまいます。でも、怒るのは自然な感情なので、怒ってもいいんですよ。他人に怒りを感じているのなら、「あの人に腹を立てているんだ」と自分でその怒りを認めてあげると、後を引きません。そのときは、くれぐれも八つ当たりをしないようにしてくださいね。

自分を責めるのは、自分にムチを打つのと同じです。ムチを打つというと、随分ひどいことをしているのがわかりますね。自分を責め続けると自信がなくなり、自分を嫌いになって、わたしなんてダメだと思うようになってしまいます。そんなに厳しくする必要はありませんよ。完璧じゃなくても大丈夫。もっと自分に優しくしてあげましょう。

失敗したら、誰でも「しまった」と思いますね。「しまった」と思ってもいいから、そこでダメ出ししないこと。「しまった。だからわたしはダメなんだ」ではなく、「しまった。でも大丈夫」と思ってください。犯罪や交通事故などは別ですが、そうでなければ、なにか打つ手はあるものです。上手に気持ちを切り替えて、「わたしのせいだ」「なんでこんなことしたんだろう」「〜しなければよかった」と落ち込む時間をできるだけ減らしていくと、自分を責める癖が直ってきます。

人間だから、失敗するときもあるし、思うようにいかないときもあります。起きたことは仕方がないという**割り切りも必要**です。「うまくいかなかったこと」に囚われず、起きたことはいったん受け入れて、その後、なにができるかを考えましょう。原因をあれこれ考えて自分を責めるよりも、目の前のことに対応する方がずっといいですね。同じ失敗をしないように気を付けるのは大切ですが、失敗をしても、その後の対応次第でかえって良い結果になることもあります。「禍《わざわい》転じて福となす」にするためにも、誠心誠意、素直に謝って、代案を考えたり、どうすればより良くなるかを提案するなど、できるだけのことをしてくださいね。

やらなきゃ病になっていませんか？

小さいころから「勉強しなさい」「先生の言うことを聞きなさい」「良い学校に行きなさい」と言われて、わたしたちは「する」ことを重視してきました。ほとんどの人は「する」ことに意識を向けて、仕事や家事、趣味、さまざまな雑事などに追われていますね。「する」ことをリストアップして、それをこなして1日を終えるという人も珍しくありません。

「する」のは良いことで「しない」のは悪いこと、という考えが一般的ですが、本当にそうなのでしょうか？　まずは、この大前提を疑ってみませんか？

「しない」ことに目を向けるなんて、考えたこともないかもしれませんね。でも、そうすることで、あれもこれも、といま抱えているやらなければならないことを見直すことができます。「本当にそれをしなくてはいけないのか」「自分に必要なのか」「したいと思っているのか」「しなくてもいいことはないのか」と考えてみましょう。これが、**やらなきゃ病**から脱するためのはじめの一歩です。

よく考えると、あなたがしなければならないことはそれほど多くないかもしれません。誰かに代わりを頼めることもあるでしょうし、スマホでＳＮＳをチェックすることやネットサーフィン、お付き合いで行く飲み会、気が進まないけれどスキルアップに必要だと思っている勉強、興味が薄れてきた趣味の集い、疲れているときの外出など、しなくてもいいことをやめていくと、自分のための時間が増えます。

自分のための時間には、やりたいことをしても、出かけても、なにもせずにぼーっとしていても、眠っても構いません。なにかを**してもしなくても自由**です。常識を持ち込まず、他人の目を気にする必要もありません。怠けるのは良くないなどという観念は捨てて、**「しない」選択もある**のだと気持ちを切り替えましょう。するかしないかは、自分の基準で決めればいいのです。無理にしていたことを「しない」と決めるのは、自分を大切にすることになりますよ。**「あなたがやらなくてもいいこと」や「望んでいないこと」に振り回されるのは時間とエネルギーの無駄だと割り切りましょう。**頑張りすぎると心身の負担が大きくなって、病気になることもあります。そんなことになっては困りますね。

常識に囚われずに自分の基準で生きるためのスタートは、自分がなにを大切にしているのかを知ることです。家族との時間や健康、大好きな趣味、自分の心にしたがうことなど、**大切にしていることを書き出してみましょう。**それに基づいて考えれば、大切にしているものは採用し、そうでないものはやめるとシンプルに決められます。

たくさん行動するのが良いという幻想から、1日もはやく抜け出してください。自分が大切にしていることを基準にして「しない」ことを決めれば、あなたらしく楽に生きられますよ。

弱みを見せると楽になる

他人に弱みを見せまいと頑張りすぎていませんか？　弱みを見せるとばかにされるとか、嫌われると思っているのかもしれません。誰にでも弱みや欠点があるし、それが自然なことなのに、恰好《かっこう》の悪い自分を見せるのは嫌だという気持ちが強いのです。

なにかを隠そうとすると、必要以上に頑なになったり、強がったり、どうしても不自然になります。プライドを守るために高飛車に出たり、虚勢を張ることも。仮面をかぶって偽りの自分を演じているようなものですから、ストレスがたまる一方です。

逆に弱みを見せられる人は、**無理をしていない**ので自然です。その方が好感を持たれるのですから、皮肉なものですね。

弱みを見せるとありのままの自分をさらけ出すことになるので、それができる人は本当の意味で強いとも言えます。

たとえば、友達が自分の失敗談やコンプレックスについて話してくれたら、あなたも自分の失敗談やコンプレックスについて話すでしょう⁈ これは心理学で返報性のルールと呼ばれるもので、「なにかをしてもらったら、お返しをしなくては申し訳ない」と思う心理のことです。このとき、失敗談を聞いたからといって、その人を見下したり、嫌いになったりしませんね。それと同じで、あなたが弱みを見せても、見下されたり嫌われることはないので安心してください。人ってやさしいものですよ。

完璧な人よりも弱いところのある人の方が人間味を感じるので、相手も親近感を持ってくれます。弱みを見せるということは相手を信頼していることになるので、信頼感が生まれるという嬉しい効果もあります。

1人で頑張っていると、助けてほしいのか、なにを助けたらいいのかがわかりません。でも、「ここを手伝ってもらえませんか」とお願いすれば、それが得意な人が手伝ってくれます。得意な人なら簡単にできるし、その人もあなたの役に立って喜んでくれるはず。実は、そうすると相手を活かすことになって、徳を積むことにもなります。なんでも自分で抱え込むより、その方がいいですね。

わたしも若いころは、「できない」とか「わからない」と言えず、強がっていました。そうすると鎧《よろい》をつけているようなもので、外と中身のギャップが出てきます。中身は苦手なことも欠点もたくさんあるのに、それをずっと隠しているのはだんだん辛くなってきました。あるとき思い切って、「実は、ここがわからなくて」と言ったら、仲間が快く教えてくれたのです。拍子抜けして、それまで強がっていたのがばからしくなりました。「弱みを見せたくない」なんて気にしていたのは自分だけだったんですね。

あなたが鎧をつけていると、周りの人はそれがあなただと思います。鎧を脱いで自然体になると楽になり、自分を理解してもらえるようになりますよ。

ジャッジをやめよう

なにかを見たときに、わたしたちは必ず「良い、悪い」とか「正しい、正しくない」「上だ、下だ」「すごい、すごくない」「恰好いい、恰好悪い」など、ジャッジしています。自我が勝手に働いて判別するのです。

なぜジャッジするのかというと、自分が正しいと思っているから。誰でも「〜すべき」「〜でなければならない」という自分なりの基準を持っていて、それに合わないものは「悪い」とか、ひどくなると「許せない」となってしまいます。ジャッジすることで無意識に自分を正当化して優越感を持つのですね。それが自分に向くと劣等感にもつながるので、ジャッジというのは厄介なものでしかありません。完璧を求めると、ジャッジがさらに厳しくなってしまいますよ。

でも、善悪の基準は時代によって、国や地域によって、年代によって、宗教によっても違います。自分が正しいとは限らないんですね。自分は間違っているかもしれないと思うことも大切です。それに、この世の中には白黒はっきりしていることは少なくて、多くはその中間のグレーゾーンにあります。白黒はっきりしないと気がすまない方は、ジャッジしそうになったら灰色もあるんだと思い出してくださいね。

ネガティブなジャッジをすると、良い気持ちではいられません。他人が悪口を言っているのを聞くだけで、それが自分への悪口でなくても嫌な気分になるのと同じです。**潜在意識は自分と他人の区別がつかないため、誰かを「悪い」と決めればそれを自分のことと受け取るからです。**それに、決めつけたり、正しくない、悪いなどとジャッジをすると、あなたの波動が下がってしまいます。本来の自分とずれるので、嫌な気持ちがするのです。本来の自分とずれる行動は避けたいものですね。

わたしもずっとジャッジをしてきました。言い訳ばかりする人を見てイライラしたり、友人と一緒に買い物に行って、細かいところまでチェックして時間がかかると、

「神経質すぎる」と思ったり……。他人のことをとやかく言うなんて、いま思うと恥ずかしいです。でも、心のことを学ぶようになってから、ジャッジをしない生き方を知りました。はじめのうちは、知らないうちにジャッジをして、「またやっちゃった」と思うことの繰り返しでした。さすがにこのごろはそれもかなり減っていますが、心の癖を直すには根気よくやっていくことが必要ですね。

ジャッジをやめるととても楽になります。いちいち「良い」とか「悪い」と決めつけず、客観的に見られれて冷静な判断もできます。それに、心がフラットな状態なので感情に振り回されることもなくなり、人間関係も険悪になることがありません。

ジャッジをしないと良いことずくめなのですが、これまでずっとしてきたことを突然やめようとしてもむずかしいですね。いきなり大きく変えるのではなく、一つずつ変えていくと抵抗なくできます。

まず、「良い、悪い」「正しい、正しくない」と○か×かで考えるのをやめましょう。

その上で、ジャッジをしている対象から自分を離します。心の中で距離をおいて、一歩引いた視点でながめてください。同じ土俵に上がらない、とも言えますね。

外から「ながめる」感じで、そのときはなにも考えないのがポイント。一歩引くというのがわかりにくければ、上からながめるイメージをするとわかりやすいかもしれません。いわゆる俯瞰《ふかん》です。飛行機から地上を見るようにながめましょう。

実は、これが本当の自分の視点です。折に触れて「いまわたしはなにを考えて（感じて）いるのだろう」と自分を観察してみると、練習になりますよ。アメリカで現代を代表する精神的指導者と言われているエックハルト・トールも『超シンプルなさとり方』の中で、「判断をくださず、ただながめましょう」と書いています。

慣れないうちは、ジャッジしている自分に気づくことも多いと思います。でも、それに気づくだけでも大進歩です！　そのときも一歩引いた視点で、「ジャッジしたけど、決めつけるのはやめよう」と思えばいいだけ。自分を責める必要はありません。これを繰り返すとジャッジをする回数が減ってきます。焦らず、気長にいきましょう。

他人をジャッジすると自分もジャッジするようになって、劣等感を抱いたり、自分に制限をかけるだけでなく、他人からどう思われるかが気になって悪循環に陥ります。

逆に、他人へのジャッジをやめると自分にもジャッジしなくなって、自己肯定感が高まりますよ。すると、他人からもジャッジされなくなって、さらに生きやすくなります。

なんでもあり

ジャッジをしないと、これもあり、あれもありで、「なんでもあり」という気持ちになります。金子みすゞさんの「みんな違ってみんないい」を地でいく感じですね。

ジャッジをしないということは、自分の意見だけが正しいとせず、それを押し付けることもなく、お互いに認め合うことです。

「なんでもあり」と言っても、法律や交通ルールのように、人に迷惑がかかるとか社会の秩序が乱れることはもちろん守ってください。また、暴力やいじめなど、相手に危害を加えたり、不快にさせることも厳禁。無法を推奨しているのではありません。

ネガティブを否定しないのも大切です。悲しい、淋しい、悔しい、妬ましい、怖い、不安、心配、落ち込むなどの感情は自然なものです。これを否定して押し込めたり、感じないふりをすると、心の中にたまってしまいます。どんな感情が出てきても「なんでもあり」で、しっかり感じてあげましょう。

ただ、ネガティブな感情はできるだけ引きずらず、それに囚われず、はやめに気持ちを切り替えたいですね。「～しなければよかった」「もっと～すればよかった」などの思いも受けとめてください。起きたことは仕方がないと腹をくくりましょう。そこで否定せず、いったん受けとめてから、なにができるのかを考えるのがお勧めです。

「良い」も「悪い」も、その中間も、全部ＯＫとするのが「なんでもあり」。清濁併《せいだくあわ》せ呑《の》むとも言えるでしょう。**実は、ジャッジをしているのは自分自身で、本来は「良い」も「悪い」もなく、ただそれがあるだけです。「なんでもあり」はこの真実に基づいた考え方で、自分の判断や感情をまじえずに物事をとらえること。**といっても、すべて自分の中に取り込む必要はありません。それを採用するか、「そういうものもあるんだ」と流してしまうかは、あなたが決めてくださいね。

「なんでもあり」と思えるようになると、なにかに目くじら立てたり、イライラしたり怒ったりすることがなくなり、**自分にも他人にも優しくなれます。**ぴりぴりせず、ゆったりした気持ちでいられていいですよ。ただし、どうでもいいと投げやりになったり、あきらめるのとは違います。ゆるく考えることでなんでも許す感じですね。

「なんでもあり」は、**とっても楽な生き方**です。

「許す」というとおこがましい気がするかもしれません。でも、あなたが失敗したときや仕事でミスをしたときなど、小さいころからこれまでに数えきれないくらい許してもらってきたでしょう?! それと同じことを人にもするだけです。お互いさまの気持ちでいれば、他人にも厳しくなりすぎません。

「なんでもあり」の気持ちでいると、偏見や差別もなくなります。自分も良い気分でいられて、優しい社会になる、**すべてよし**の考え方です。

人間関係は距離感がポイント

人の悩みは、お金と人間関係が一番多いと言われています。無人島にでも行かない限り、人との関わりを避けることはできませんね。それなら、どんな人とも良い関係を持てれば一番ですが、なかなかそうはいかないのが現実です。

その大きな原因は、一人一人、考え方も生き方も違うから。そんなことわかっていると思うかもしれません。でも、無意識では「わたしの気持ちをわかってくれるだろう」とか「ここでは~するべき」など、相手も同じ価値観を持っていると思ってしまうので、その期待が裏切られると傷ついたり、トラブルになったりするのですね。

自分と他人は違うと肝に銘じておけば、違う意見の人がいたり、「ここでは~するべき」と思っているところでそうしない人がいても、イライラしたり、腹を立てることがなくなります。**あなたがいくら腹を立てても、その人を変えることはできません。**一人一人、育った環境もいまの状況も性格も考え方も違うのだから、自分の考えを押し付けず、「そういう人もいるんだな」と**一歩引いた目**で見られるようになるといいですね。

もう一つのポイントは、**適切な距離を保つ**こと。全員に好かれることはないので、嫌な人や自分と合わない人とは無理に仲良くしなくても構いません。挨拶をしたり、当たり障りのない会話をする程度にしておけば、衝突することもなく、お互いに気持ち良くいられますよ。友達なら、合わない人とはさりげなく離れることもできますが、**親戚や職場の人など、離れられない人の場合には、この「当たり障りない」距離がお勧めです。**

ただし、適切な距離といっても、人によって距離感はそれぞれです。ある程度距離を保っている方が心地良い人もいれば、かなり距離が縮まらないと親しいと感じない人もいるので、自分の心地良い距離感を知っておくといいですね。人の周りには目に見えないエネルギー（＝オーラ）があると言われますが、その人がどんなオーラを持っているかも距離感に関係があるそうです。といっても、オーラは目に見えないので、距離が近い方が心地良いのか、ある程度離れている方が心地良いのかは感覚で掴むことになります。それがわかっていれば、合う人、合わない人もわかりますね。わたしは、ある程度距離のある方が心地よいタイプです。あなたはどうですか？

ずかずか他人の心に踏み込む、と聞いただけでも不快だと思いますが、実際にこれをすると人間関係が壊れます。距離感が近くても気にならない人は、悪気はなくてもやってしまうことがあるので、注意してくださいね。わたしの知人で、すぐに親しくなるのだけれど、相手に入れ込みすぎて人間関係の長続きしない人がいます。せっかく親しくなったのに、それではもったいないですね。親しき仲にも礼儀あり。相手の心に踏み込みすぎないことが、良い関係を続けるコツです。

鈍感力を磨く

一般に、鈍いよりも鋭い方がいいと思われていますが、本当にそうでしょうか？　生き辛い人の多くは感じやすい繊細な人です。敏感で繊細というと良さそうですが、実際にはそうとも限らないのですね。

敏感な人は他人の痛みを自分の痛みのように感じて理解できる優しさがあったり、直感がすぐれていたり、いちはやく周囲の状況や危険を察知したり、偽りを見抜いたり、感受性が強かったり、良いところがたくさんあります。その反面、相手の何気ない言葉に傷ついたり、気を遣いすぎて疲れてしまったり、失敗をすると必要以上に自分を責めて落ち込んだり、天候の変化にもすぐに反応して体調を崩しやすかったりなど、敏感ゆえに大変なことも多いのです。

そこで見直されているのが鈍感力。これをタイトルにした渡辺淳一さんの本はミリオンセラーになり、流行語大賞に選ばれるほど多くの支持を受けました。ただし、鈍感力はただの鈍感とは違います。辛いときも落ち込みすぎず、前に進める「したたかな力を鈍感力」と呼ぶとのこと。渡辺さんによれば、些細なことでゆるがない「鈍さ」こそが生きる上で大切な才能だと言います。いい意味で鈍くて、嫌なことやうっとうしいことは忘れて明るく生きている人は周りへの適応力も高く、血もサラサラで健康に良いとも書かれています。神経質になりすぎないのがいいのですね。

もともと自分のことを鈍感だと思っていたわたしは、『鈍感力』を読んで大いに励まされました。病気になっても落ち込まず、転校を6回もしたのにいじめられずに新しい環境になじめたのも、鈍感力のお陰だとわかったからです。転校というのは、先生も生徒も知らない人ばかりの中に入って、建物やそこでのルール、使う教科書、はやっている遊びなど、なにもかも新しいことずくめなので、子ども心にもかなりのストレスだったと思います。いまでも覚えているのは、無理に入り込もうとせず、なるべく自然にそこにいて、知らない間に周りになじむというわたしなりの処世術。無意識だったと思いますが、「嫌だ」とか「前の学校では～だったのに」などと神経質に反応せず、心の中でも抵抗せずにいると、自然に周りにとけこめるのです。こういう鈍感力は転校に限らず、会社に入ったり、趣味のグループに参加したり、引っ越したり、入院したり、環境が変わったときには役立ちます。

どうすれば鈍感力が鍛えられるかというと、まずは**細かいことを気にしない**こと。いちいち反応せず、一歩引いたところに自分がいるような感覚でいると神経質になりません。**嫌なことは一つの経験くらいの気持ちで受け流し、「なんとかなる」「まっ、いいか」と軽いノリで深刻にならないこと。**そして、頭であれこれ考える時間を減らして、趣味に没頭したり夢中になれることをしましょう。**完璧を目指さず、人にも自分にも厳しすぎない**のがお勧めです。それでも落ち込んだら、なるべくはやく気持ちを切り替えましょう。切り替えの方法は第3章をご覧くださいね。

いい意味での「鈍さ」は、ストレスから自分の心を守ることになります。これからは、あなたも鈍感力を磨いてください。

取り越し苦労をやめよう

未来のことをあれこれ考えて心配になったり、悪いことばかり次々に想像してしまうという経験は、誰にでもあると思います。

でも、その考えた「未来」はあなたの頭の中にあるだけで、まだ存在しませんね。起こるかどうかもわからないし、実際には起こらない方が多いものです。『不安な心の癒し方』を書いたロバート・リーヒの実験では、心配事の85パーセントは起こらないという結果が出ました。その心配が現実になっても、解決できない確率はたったの3パーセントだったそうです。心配事の97パーセントは取り越し苦労だったのです。

心配してもストレスがたまるだけで、時間とエネルギーの無駄です。考えても仕方のないことを考えるのはやめましょう。心配性で取り越し苦労をするのは、思考の癖なので変えられます。安心してくださいね。

ドリス・デイの「ケ・セラ・セラ」（作曲ジェイ・リビングストン、作詞レイ・エバンズ）という歌をご存知ですか？　昔の映画の中の歌ですが、わたしはこの歌が大好きです。サビの歌詞が「なるようになるわ。先のことなどわからない」（音羽たかし訳）。もともと楽観的なわたしですが、これを聞いて「その通り！」と思いました。

取り越し苦労は無駄だからやめようと頭ではわかっていても、感情がついていかないときには、「大丈夫」「なんとかなる」「未来のことはわからない」と言ってみましょう。**心で思うだけでなく、声に出すのがポイント**です。はじめのうちは意識的にやらないと楽観的な言葉は出てきませんが、続けていると本当にそう思えるようになってきます。これが口癖になったら、しめたものですね。

そう言われても「大丈夫」と思えない方は、心配なことをすっぱり忘れるのがお勧めです。忘れよう、忘れようとすると、かえってそのことを考えてしまうので、**目の前のことに集中する、遊びに行く、好きな映画を見てその世界にひたるなど、心配とは関係ないことに没頭してください。**やりながら心配なことを考えるのはＮＧです。いったんその心配から心が離れたら、また別のことをして、そこに心を向けていれば、いつの間にか忘れているものです。

それでも心配で仕方がないときには、不安に対して具体的なアクションを起こしましょう。起こるかもしれないことに備えて手続きをするとか、物を買うとか、対策を調べるとか、考えられる限りの具体的な行動をとるのです。心配しているだけではなにも変わりませんが、実際になにかをすると安心できます。やったことが将来役立てばそれでいいし、無駄になっても問題ありません。肝心なのは心の中にある不安を取り除くことですから。取り越し苦労への一番の薬は「安心」です。

まだ来ない未来に目を向けて、いまをおろそかにするのは本末転倒。起きていないことに無駄なエネルギーを使うくらいなら、いまやりたいこと、楽しいことをしましょう。

事実と感情を切り離す

誰にでも悩みはありますが、悩んでいるときには、心の中で事実と思考、感情がからみあっている状態です。悩んでいる当人は意識していませんが、からみあっているから、よくわからなくなって悩むことになります。

事実は「ただ、そこにあるだけ」で、良いも悪いもありません。それをどう考えるか、どう感じるかはあなた次第です。本来はバラバラのものなのに、ほとんどの人は事実と思考、感情をくっつけてしまうのが困りもの。悩みや問題の大半は、ここから生まれているといっても過言ではありません。無意識にそうなるので仕方ないとはいえ、これを改善できるといいですね。

たとえば、わたしの父は新聞を読んだ後に元通りにたたまず、ぐしゃぐしゃのままその辺に置いておいても平気ですが、母とわたしはそれを見るたびにイライラして、たたみ直しています。この場合、事実は「新聞を元通りにたたまない」「新聞がきれいにたたまれていない」というだけのこと。それに対して「新聞は元通りにたたむべき」「新聞はきちんとたたむのが当然」という無意識の思い込みがあるから、「新聞をきれいにたたんでいないと気持ちが悪い」「イライラする」という感情が生まれてしまうのです。

こんな風に分析すると、はっきりしてわかりやすくなりますね。**分析した時点で一歩引いた視点になるので、イライラするのがばからしくなってきます。**この例は日常の些細なことですが、どんなことでも分析すると最後には冷静になれます。

あなたも、事実と思考、感情をバラバラにしてみてください。慣れないうちは、頭の中だけで考えるより、書き出すのがお勧めです。「事実：～」「思考：～」「感情：～」のように、一つ一つ書くと、問題点が目に見える形ではっきりする上、書いている時点で客観的になれます。問題があるときやネガティブな感情が出てきたときには、特に有効ですよ。慣れてきたら書かなくてもいいのですが、頭の中で一つ一つを手で引き離すイメージをすると、より実感できます。

事実と思考、感情を切り離すだけでも冷静になりますが、問題を解決したいときには、もう一歩踏み込みましょう。同じものを見ても、不快だと感じる人もいれば、別にいいんじゃないと思う人、特になにも感じない人もいます。事実は変えられませんが、**思考と感情は変えられます。**

前に書いた、新聞のたたみ方でイライラするという場合なら、「新聞はきちんとたたむべき」という思い込みを「新聞のたたみ方は人それぞれ」「新聞のたたみ方に決まりはない」に変えれば、新聞がぐしゃぐしゃになっていても「平気」「特になにも感じない」になりますね。考え方や感じ方は自由ですから、自分が気持ち良くいられるように、思考と感情を変えてしまいましょう。

事実と感情、思考を切り離せるようになれば、物事を客観的に見ることができるので、人間関係や仕事の悩み、問題の解決、ストレスの軽減など、さまざまなことに役立ちます。これを日常的に使えるようになると、感情に振り回されることがなくなって、とても楽ですよ。

抵抗しない

悩みや問題のほとんどは、起こっていることや相手、自分の感情に抵抗しているのが原因だと言われています。「抵抗?」と意外に思ったかもしれません。でも、現実を受け入れずに拒否したり、嫌だと思ったり、抵抗するからストレスになり、悩みや苦しみ、問題になってしまうのです。自分で問題を作り出しているようなものですね。

『ザ・ワーク　人生を変える4つの質問』で知られるバイロン・ケイティは、「自分の考えが現実と闘っていることに気づくことが大切」だと言っています。自分が現実と闘っていると気づいたら、闘うのをやめて、感情をまじえずに現実をそのまま受け入れましょう。【事実と感情を切り離す】（185ページ）で書いた、現実と感情の切り離しがここでも役立ちます。感情を切り離すと、同じ状況でも冷静になれますよ。現実を変えようとすると、抵抗したり闘うことになります。変えるのは現実ではなく、自分の心にしましょう。

わたしは自分の経験からも、抵抗しないことがとても楽な生き方だと思っています。「はしがき」にも書いたように、わたしは14歳で難病と診断されました。**そのときに母が「病気と一緒に生きていこうね」と言ってくれたので、はじめから抵抗なく、病気と闘わずに生きられました。**そのお陰で病気とうまく共存できたのだと思います。「病気と闘って絶対に勝つ！」なんて抵抗していたなら、心穏やかではいられなかったでしょう。この病気にはストレスが大敵なので、「どうしてこんな病気になったんだろう」とか「なんでわたしだけ」と考えて落ち込んだり、不安にかられていたら、病状に影響があったかもしれません。だから、そう言ってくれた母には感謝しかありません。

ただ、病気と一緒に生きるといってもなにもしない訳ではなく、治療を受けつつ、症状が悪くなれば入院したり、自分で食事のことを学んだり、体の歪みをとる体操をしたりなど、できることはしてきました。その一方で、普段は病気のことは忘れて仕事をしたり、舞台を観に行ったり、旅行をしたり、お友達と出かけたり、本を読んだりと好きなことを楽しんでいます。抵抗しないのは、あきらめることとは違うんですね。また、忘れていればそれが存在しないのと同じですから、その間だけでも問題はなくなります。忘れて手放すことも、抵抗しないことになります。

「抵抗しない」というと「されるがままになるのか」と勘違いする人がいますが、それは誤解です。「抵抗しない」ことと、消極的な受け身とは違うんです。【我慢はやめよう】(151ページ)で「現実を受け入れる」ことを書きましたが、それと同じこと。**現実をそのまま受け入れて、感情をまじえずに、自分にできることを淡々とする。それが、ここで提案している抵抗しない生き方です。**

わたしは老子の「上善は水のごとし(＝水のように生きるのが最善だ)」という言葉が好きです。「水のように生きる」とは、流れのままに、過去を悔やまず未来を心配せず、「いまここ」を生きること。水は流れの途中に岩があっても抵抗せずに上手によけて、段差があるときには滝になり、柔軟に形を変えながら進みますね。これは2500年以上も語り継がれてきた、ストレスから解放される知恵なのです。人生にはいろいろなことがありますが、それに抗うことなく柔軟に対応して、水のように生きられたら最高だと常々思っています。

足し算より引き算

仕事に家事に育児に趣味にお付き合い、とやらなければならないことに追われていませんか？　もっと仕事の専門知識を増やしたい、興味のあることを深めたい、夢を叶えたいと、さらに学ぼうとしているかもしれませんね。

わたしたちは、学校で知識を詰め込まれ、仕事ではスキルを磨き、情報を集め……と、多い方がいいという価値観から、新しいことを足そうとしてきました。足し算の発想です。小さいころに比べたら、いまは知識も経験も持っている物もやらなければいけないことも、随分増えていると思います。でも1日24時間は同じなので、**足してばかりしていると多くのことが重なってきて、どれも中途半端、なんてことになりかねません。**

パソコンで考えるとわかりやすいのですが、長くパソコンを使っているとソフトウエアやいろいろなデータ、壊れたシステムファイル、一時保存データなどで容量がいっぱいになってきます。その結果、動作が重くなってエラーが出たりして、イライラしますね。そんなときには、使っていないソフトやいらないファイルを捨てると、容量に空きができてサクサク快適に動くようになります。人間もこれと同じなんです。

それに、最近では「足す」より「引く」方が大切だと考える人たちが増えてきました。典型的なのが必要な物だけ残して余分な物は捨てるという引き算の発想です。わたしも最近、使わない物やいらない物をかなり捨てました。余分な物がなくなると部屋も心もすっきりして、物の多い状態がいかにストレスになっていたかがよくわかりました。一度このすっきり感を味わうと、物がたくさんある状態には戻りたくなくなります。ということは、余分な物がごちゃごちゃしていないのが自然な状態なのでしょうね。あなたもぜひ、やってみてください。

物だけでなく、頭の中にある古い価値観や思い込み、プレッシャー、いらない情報、嫌な記憶、不要になった人間関係、やらなくてもいいことも捨てましょう。そうすれば大事なものだけが残って、それに集中できますよ。**なにを捨てるか、なにをやめるか、なにをしないかを考えることで、自分が本当にやりたいことや必要なことがわかってきます。**これはとても大切なことだと感じています。

これからは、いらない物はどんどん捨てる「引き算」がお勧めです。風水では、物がぎゅうぎゅうに詰まっているところでは気が停滞し、いらない物を捨ててなにもない空間ができるとそこに新しいものが入ると考えます。つまり、部屋の中や心の中になにもない空間ができると、新たな人間関係や情報、アイディア、インスピレーション、チャンスなどが入ってくるのですね。いらない物を捨てることで運を呼び込めるなんて、すばらしいと思いませんか？

物より精神性が尊ばれるこれからの時代は、ますます「足し算」より「引き算」の発想が求められます。余分な物は持たず、すっきりした心で大切なものに集中していきましょう。

第4章のおさらい

起きたことに抵抗せず、現実を受け入れて、
感情をまじえずに、できることを淡々とする。

足し算より引き算の発想で、そぎ落とす。

注意したいこと！

「でも」「だって」「無理」「できない」「最悪」
などのネガティブな言葉を使わない。言い訳をしない。

「ない」こと、足りないことに目を向けない。
「する」ことばかり重視しない。

他人と比べない。他人にどう思われるかを気にしない。

まだ起きていないことを心配しない。

完璧を目指さない。人にも自分にも厳しすぎない。
我慢をせず、自分を責めない。強がりは厳禁。

良いか悪いか、正しいか正しくないかで考えない。

♪楽に生きるための お勧めアクション

「ありがとう」「嬉しい」「楽しい」
「大丈夫」「なんとかなる」「ついてる」を口癖に。

「ある」ものに目を向ける。

自分を第一にしながら、周りと共存する。
無理をせず、自然体で生きる。

一歩引いた目線で、物事を俯瞰する。

全員に好かれなくていい。
合わない人とは適切な距離感を保つ 。

「きちんと」の代わりに「まっ、いいか」を口癖に。
細かいことは気にしない。

ジャッジをせず、「なんでもあり」の精神で。
失敗やミスは「お互いさま」と許し合う。

事実は「ただそこにあるだけ」。
事実と思考、感情を切り離す。

第5章

人生の主役はあなたです

現実は自分で創る

目の前にある現実はあなたが創ったと聞いたら、どんな気持ちがしますか？　そんなはずはないと思うかもしれませんね。でも、意識的にせよ無意識にせよ、あなたが過去に意図したことの現れが、いま目の前にある現実です。

というのも、**人生は選択の連続。**あなたがなにを選ぶかによって、その先が変わってきます。どの学校に行くのか、どんな仕事をするのか、誰と結婚するのか、そういう人生の節目になるような大きな決断はもちろん、今日なにをするのか、どこへ行くのかという日々の行動も、あなたが決めています。

ただ、ここでいう**現実を自分で創る**には、それ以上の意味があります。あなたが選ぶことだけでなく、考えることも現実を創っているからです。そのことを書いたナポレオン・ヒルの『思考は現実化する』という本は世界で1億冊以上も売れています。

思考が現実になることは量子力学でも説明できます。簡単にいえば、あらゆる物はエネルギー（波動）でできていますが、波動の状態では形がありません。「〜したい」という意識を向けることで初めてそれが形（粒）になります。そのエネルギーがさらに強まってある程度以上の量になると、物質化して現実になるという仕組みです。人が意識を向けないとエネルギーは物質になりません。**はじめに意識ありき**なのです。

自分の内側の思いが外の世界に映し出されているとも言えますし、内側の思いと同じ波動の現実を引き寄せているとも言えます。同じ波動のものが引き合うという宇宙の法則に当てはめたのが、「引き寄せの法則」です。

これは宇宙の仕組みなので、人によってできたりできなかったりということはありません。それなのに、思いがすべて現実にならないのはなぜかというと、思ってから現実になるまでに時差があるので、途中であきらめてしまうから。「〜したい」と思ってその後は放っておけば現実になるのに、【「気のせい」を無視しない】（130ページ）に書いたように、途中で車から降りてしまう人が多いのですね。自分が思ったのと違う形で現実になったために、気づかないこともあります。

そのためにも「絶対〜になる」と決めつけるのはNG。頭を柔らかくして、どんな風に現われるかを楽しむといいですね。また、頭では「〜したい」と思っていても潜在意識で「できない」と思っていると、「できない」が現実になります。潜在意識のパワーの方が断然強いので、頭で思うことよりも優先されるのです。このような**潜在意識のブロックは無数にあり、願いが現実にならない大きな原因になっています。**ブロックの正体は潜在意識の中にあるさまざまな信念や価値観、思い込み、感情など。これが頭で考えていることとずれると、頭では「やりたい」と思ってアクセルを踏んでも、心の中でブレーキをかけることになってしまうのです。

潜在意識のブロックは「これだ！」と気づいたらはずれます。はっきりわからないけれど足止めされている気がするときには、イメージで心の扉を開いて心の中からブロックを取り出し、「ブロックがはずれた」と思いながら、ぽーんと宇宙に返してあげましょう。イメージしにくければ、手で扉を開いたり、ブロックを取り出して宇宙に投げ返す動作をするといいですね。

自分のブレーキになっているものといえば、トラウマもあります。トラウマという と深刻な感じですが、実は脳の誤作動にすぎません。正常に作動すれば昇華できたものが、誤作動を起こしたために消えなくなってしまったのです。そう思うだけでも、気持ちが楽になりませんか？　トラウマもブロックと同じようにはずせます。

ブレーキになるものを取りながら、自分の未来を創っていきましょう。いまの状態に満足していても、そうでなくても、自分で未来を創れると思うとわくわくしませんか？　「本当かな？」と半信半疑な方も、そんなこと初めて聞いたという方も、まずは現実は自分で創っていることを覚えておいてください。人生の主役として生きるときには、この考え方が基本になります。

操縦席に座る

小さいころは親や先生にしたがい、大人になると上司や夫にしたがう。昔はそんな風に従順なのが良いとされていましたが、それでは主体的に生きるとはいえませんね。

誰かにしたがうと自分でいろいろなことを決めなくてすむので楽ですが、あなたの人生の主役はあなた自身。車にたとえれば、あなたが操縦席に座って、まっすぐ行くのか、止まるのか、右に行くのかを決めましょう！　自由自在に心のスイッチを切り替えるという千田琢哉さんも『無敵のメンタル』の中で、「人生の主導権はあなたが持っているのだから、あなた自身が人生の進路を決定していい」と書いています。

こう書くとわかりやすいのですが、実生活では案外簡単に操縦席を他人にあけわたしているものです。でも、その場の主導権がどこにあるかを見れば、自分が操縦席にいるのか、助手席に座っているのかがわかりますよ。「今日は休みたい」「おすしを食べたい」など、自分の気持ちに沿って行動しているときはあなたが操縦席にいますが、気持ちを抑えたり、自分の気持ちに反して誰かの言うことや常識にしたがっているときには、操縦席にいるのは「誰か」や「常識」で、あなたがいるのは助手席になります。自分がどこにいるのかは、常に意識しておきましょう。

これは人を押しのけて自分の意志を通すとか、わがまま放題とは違います。トラブルを起こしてまで意志を通しても、自分も相手も気分が悪いだけですね。**社会のルールを守り、人を不快にさせないように気をつけながらも、自分の気持ちに素直に生きる方法を探ってください。**

たとえば、昼休みに、職場の同僚とランチに行くときのこと。イタリアンに行こうと決まったけれど、自分はお蕎麦が食べたいと思っている。そんなときは、皆と行きたければその気持ちを優先して一緒に行くし、どうしてもお蕎麦が食べたければそれを優先してお蕎麦屋さんに行くという感じです。自分だけお蕎麦屋さんに行くと決めても、「イタリアンは嫌だから」とは言わないこと。「今日はお蕎麦の気分だから失礼するわ」と言うか、言いにくければ「用事があるから」でもＯＫ。嘘をつかなくてもいいのですが、お互いが気持ちよくいられるように配慮しましょう。

車の運転でも、いつもまっすぐに突き進むのではなく、曲がったり、止まったり、横道に入ったり、抜け道を使ったりしますよね。そういう具合に、自分の本音にしたがいながらも周りの人を不快にすることなくスムーズに進める方法がないかを考えてください。そのときには、自分が操縦席にいることをお忘れなく。

「自分の気持ちに沿って行動しよう」「自分で決めよう」と言われても、どうしていいかわからないときには、いきなり大きく変えようとせずに、少しずつやってみましょう。今日はこちらの道を通ってみようとか、初めての店に入ってみるとか、**１人でできることからはじめる**のがお勧めです。その方が、自分も周囲も抵抗なく変わっていけますよ。

誰かの言う通りにしたり、集団のルールにしたがっていると、自分で判断しないのである意味楽ですが、好きなようにはできませんね。人生の操縦席に座ると、なにをするか自由に決められるのが大きな魅力です。誰かに依存して生きるのは、その自由と引き換えに、不自由だけど楽な状態を選んでいるのです。これまでは依存型の人が多数派でした。それでも構いませんが、最近は自立して自由を求める人が増えてきました。時代も社会も変わってきたからなのでしょうね。

人生の操縦席に座ると、自由な反面、「誰かがなんとかしてくれるだろう」とは期待できません。なにがあっても責任は自分にあります。自立して自由になるのは、責任も伴うということですね。そこから逃げない、他人のせいにしないという覚悟も必要です。一見大変そうですが、本来、大人になれば誰でも自分の言動に責任を持つものですよね。実は、当たり前のことをきちんとするだけのことなのです。

期待しない

あなたは人に期待しますか？　それとも、あまり期待しない方ですか？

人に「～してほしい」とか「～してくれるだろう」と思っても、なかなかその通りにはいきません。というのも、他人はコントロールできないからです。家族など近しい人には期待しがちですが、人間関係のトラブルや精神的ストレスの多くは、「相手に期待する」ことから生まれると言われています。将来「こうなるといいな」と思って、そうなるように自分は努力しても、環境や時代の変化なども影響するので、自分の力だけはどうにもならない部分がありますね。

先のことは誰にもわからないのです。そんな不確かなことに期待して、期待通りにならなかったらがっかりするなんて、時間とエネルギーの無駄だと思いませんか？

全米ミリオンセラー『愛と怖れ』の著者である精神科医のジェラルド・G・ジャンポルスキーは、「心の平和を得るためには、人を変えようと思わないこと。人をありのままに受け入れることです。本当に受け入れるというのは、なにも要求せず、なにも期待しないことです」と言っています。

念のために言っておくと、ここで「期待しない」というのは、「どうせ〜だから」とあきらめるのとは全然違います。「どうせ〜」と思うのは、裏に「〜してくれないに決まっている」というあきらめや、本当は「〜してほしい」という期待が隠れていますが、「期待しない」のは、**相手になにも求めないこと**です。

家に帰ったら、「おかえり」と出迎えてくれて温かい夕食が待っているだろうと期待していたのに、帰ってみると誰もいなくて食事の支度もしていなければ、がっかりしたり腹が立ったりしますね。でも、もう遅いから夕食は残っていないだろう。自分で作らなければと思っていたのに、用意しておいてくれたら嬉しくなります。期待しないって、こういう感じです。期待しないと、それが叶わなくてがっかりすることもなく、逆になにかしてくれたら「ラッキー」と喜べるし、感謝もします。こんな風に生きると、とても楽ですよ。

でも、**ここで「期待しない」ことをお勧めするのは、期待外れを回避してストレスを減らすのが目的ではありません。そうではなくて、自分以外のものに振り回されるのはやめましょうという提案なのです。**

あなたの**人生の中心にいるのはあなた自身。**自分が中心だと、外でなにが起こっても起こらなくても、関係がありません。だから、期待する必要もないのです。

そうはいっても期待するのをやめられないときは、自分が思うように他人は動いてくれないと割り切ってください。自分でさえ思い通りにいかないことがあるのに、他人をどうこうしようとしても無理です。そして、あくまでも**主体は自分**であることを忘れないこと。

「あの人が~してくれない」というのは「あの人」の問題であって、自分とは関係がありません。大切なのは、自分がなにをして、どう思うのか。主体を自分にすると人に振り回されなくなって、のびのびと生きられますよ。

幸せになっていい

幸せの基準は人それぞれですし、幸せを感じるのに誰にも遠慮する必要はありません。でも、これまで苦労してきた人や「わたしなんか」と自分を卑下してしまう人は、無意識に幸せになるのが怖いと感じていることがあります。育ってきた環境によっては、幸せになる価値がないと思っている人もいます。せっかく生まれてきたのに、それではもったいなさすぎますね。

僧侶であり、作家でもある瀬戸内寂聴さんはこう言っています。「わたしたちは幸せになるために生まれてきました。みんな幸せになる権利があります。そして、誰かを幸せにするために生まれてきたんです」（ニッポン放送ニュース『しゃベル』、瀬戸内寂聴「今日を生きるための言葉」第837回）

あなたが、「わたしなんて幸せになれない」「幸せになれるはずがない」「幸せになっちゃいけない」と思っているのなら、それをやめましょう。ほとんどの人は、いまの状況はどうあれ、心の奥底では「幸せになりたい」と思っていますよね。その本当の気持ちを認めてあげてください。**勇気を出して、「わたしは幸せになりたいんだ」と思うだけで、意識が幸せの方に向きます。**

これまでずっと辛い思いをしてきたり、自分は幸せに縁がないと思ってきた人にとっては、いきなり「幸せになろう」と言っても、ぴんとこないかもしれません。一足飛びに「幸せ」になろうとせず（本当はなってもいいのですが）、大変な状況を生き抜いてきた自分をいたわってあげてください。「よく頑張ったね」「大変だったね」と優しい声をかけてあげるだけでも、気持ちがゆるみますよ。なにを幸せと感じるかは人それぞれですが、心がガチガチに固まっていては、幸せを感じにくいものです。心をゆるませるために、ほっとする時間を作りましょう。本当の幸せは、お金があるとか、成功しているとか、大きな家に住んでいるとかではなくて、**心が満たされて、安心し**

ている状態です。「今日1日よく働いたね」と自分に言ってあげながら、温かいお茶を飲む。そんなちょっとしたことから、幸せがはじまりますよ。

そして、「わたしたちは幸せになるために生まれてきました」という寂聴さんの言葉を思い出してください。はじめはそんな風に思えなくても、信じられなくても、ほっとした時間に「わたしは幸せになっていい」「幸せになるために生まれたんだ」と言い続けると、「そうなのかな」「そうなのかも」と思えるようになってきます。

「幸せになっていい」と思えるようになれば、しめたもの！　目が見えること、字が読めること、自分で動けること、家があること、毎日ご飯が食べられること、平和な国に住んでいることなど、身近にある小さな幸せに気づけるようになれば、幸せがどんな感じかわかってきます。心が温かくなり、ほっこりすることをどんどん感じてください。あとは、ほっとする時間、良い気分の時間を少しずつ増やしていけばいいだけです。あなたの幸せはもうはじまっています。

それと同時に、嫌なことや辛いこと、不幸なことに目を向けるのをやめましょう。自分で「やめる」と決めることが大切です。その上で「幸せになる」と決めると、心が幸せになる方に向いて、現実も変わりはじめます。

言い訳をしない

言い訳をしているときは、本人は気づかなくても、聞いている方は良い感じがしませんね。たぶん、その一因は、即座に相手を否定するからではないかと思います。知らないうちに、ネガティブな波動を出しているのです。

なにかを言われて、「でも」「だって」と返すのは、相手の言うことをいったん受け入れるどころか、跳ね返す感じです。つまり、せっかく良いことを言ってもらっても、聞く耳をもたないということ。それでは、自分の可能性を閉ざしてしまいますよ。否定せずに話を聞けば、チャンスかもしれないし、困っていることが解決するかもしれません。

【口癖を変えよう】（140ページ）でも書いたように、「でも」や「だって」はたいていが口癖で、ほとんど無意識に口から出ています。より良く生きたいと思うのなら、今日からやめましょう。「もう言わない」と思うだけで、口にする回数が減ります。口から出てしまったときは、すぐに訂正してください。これを繰り返していけば、言い訳をしなくなりますよ。わたしも無意識に「でも」と言っている自分に気づいて、**「そうですね」**と言い換えました。それを続けていると、「でも」が減って「そうですね」が出るようになったんです。口癖は数をこなして直すのがやりやすいですね。

「〜だからできない」と言ってしまう人は、本当にそうなのかを疑ってください。自分で「できない」と思い込んでいるだけで、意外なところに「できる」方法があるかもしれません。「できない」をやめて、「どうしたらできるか」を考えてみましょう。

「できない」から「できる方法を探す」へ方向転換するのです。「できない」と思うと思考はそこで止まってしまいますが、「どうしたらできるか」と考えると、脳は「できる」方法を探しはじめます。それまでになかったポジティブ回路ができるのです。

してしまったことに言い訳するのは逃げです。正当だと思う理由があっても、現実に起きたことに変わりはありません。「ごめんなさい」と、いさぎよく自分の非を認める方がずっと好印象ですよ。そのときは恥ずかしいかもしれませんが、謝ると重荷をおろしたように楽になります。そこでリセットできるので、起きたことに引きずられず、次にどうすればいいかを考えられるという利点もあります。自分は悪くないと逃げてしまったら言い訳を重ねることになって、根本の問題は解決しないし、精神的には後ろめたい気持ちをひきずったままですから、良いことは一つもありませんね。

言い訳をしている心の中には、恰好悪いのは嫌だ、恥ずかしい、失敗を隠したい、できない人だと思われたくないなどの気持ちがあります。でも、一時的に表面を取り繕っても、あなた自身が良くなる訳ではありません。人や状況のせいにして、責任を押し付けるのはやめましょう。言い訳をしないのは、自分でしたことの責任をとることです。**腹をくくって責任をとると、そこで自分の波動が変わる**ので、状況もあなた自身も大きく変わってきますよ。

割り切りが肝心

誰にでも大切にしているものがありますね。それはぜひ尊重したいものですが、大切にする余り「これだけは譲れない」というこだわりが強くなりすぎて、執着になってしまうと考えものです。

執着は誰もが持っていて、その対象は人やお金、物、経験などさまざまです。それが行き過ぎなければいいのですが、問題は「絶対にこの人と離れたくない」「お金が減ると不安でたまらない」「思い出があるから、これだけは捨てられない」「過去の栄光が忘れられない」というように、心がそこに囚われてしまった場合です。こうなると自分自身が苦しくなり、相手の人も迷惑に思うようになります。

執着がなぜ問題かというと、エネルギーがとどこおってしまうから。宇宙の法則では、万物は常に変化し、その変化は止まることがない。つまり、ずっと同じように見えても、すべては変わり続けているのです。執着して同じ状態にしがみついているのは変化するものを無理やり止めていることになり、そこでエネルギーがとどこおってしまいます。それでは良いはずがありませんし、本来あるべき姿からずれてしまうので自分も苦しくなるのですね。

そんな執着は手放しましょう。自分を苦しめるものを握りしめているのはナンセンス。人生には**割り切りも大切**です。執着は薄々自分でもわかっているものなので、執着しているなと思ったら、一歩引いた視点で自分の心を見つめてください。少しでも冷静になれば、「相手が応えてくれないのなら仕方がない」「お金が減ったら稼げばいい」「思い出だけあれば、もう物はなくてもいい」「過去に囚われても仕方がない」と気持ちを切り替えるきっかけになります。こんなことに執着しているなんてばからしいと思えるようになったら、もう大丈夫です。どうにもならないことに執着しているより、割り切って先に進む方がずっといいですね。

どうしても許せないことがあるときには、無理に許そうとしなくても構いません。許さなくてもいいから、忘れてしまいましょう。そんなこと無理だと思うかもしれませんが、できますよ。まず、許せないことに心を向けるのをやめてください。そのことを考え続けている限り、忘れられません。許せないことを考えるのをやめて他のことをしていると、そこから心が離れます。この心を離すのがポイント！　その時間を少しずつ長くすることで、次第に忘れていきます。

いまは時代の流れがどんどん速くなっています。昔より時間の流れが速いと感じるのは、歳をとったせいではありません。だからこそ、過去にも未来の不安にも囚われず、柳のようにしなやかに変化に対応しながら、「いま」を大切にして生きたいものですね。

あなたには、思っているよりずっと多くの選択肢があります。無理だと思っていることも、無理ではないかもしれません。これを覚えておくと、一つのことに囚われず、他のことにも目を向けやすくなります。それによって、自分で閉じてしまっていた可能性の扉が開きますよ。

自分のことが好きですか？

自己啓発のセミナーや本では、「自己肯定感を高めましょう」と言いますが、外国の人に比べて日本人は自己肯定感の低い人が多いそうです。あなたを一番好きなのはあなた自身のはずなのに、おかしなことですね。「あんたなんか生まれてこなければよかった」「男だったらよかったのに」「なんで、こんなことがわからないの」など、小さいころから否定的なことを言われることも大きな原因になっているのでしょう。その意見が正しくなくても、根拠がなくても、言われたことは心に残って傷つきますね。

また、誰でも自分に対する基準は高いので、「わたしはもっとできるはず」という気持ちから、「自分はダメだ」と思ってしまうのかもしれません。

わたし自身も、自分のことは嫌いではないけれど、大好きではありませんでした。自分の声は嫌だし、もっと鼻が高かったらいいなとか、背の高い人がうらやましいとか、頭の回転も動作もゆっくりだとか、気がきかないとか、口下手だとか、好きになれないところがたくさんあったからです。でも、一時的にはそう思っても、そのことばかり考えている訳ではないし、楽観的なところや直感で動くこと、好奇心旺盛なことなど、好きなところもありました。そのうちに「これがわたしなんだから仕方がない」と思うようになり、最近では「わたしはわたし」と割り切っています。

自分のことを好きになれないときには、そんな自分でもいいと思ってください。「自分を好きにならなきゃ」ではなくて、好きでないところがあってもいい、くらいのゆるい気持ちからはじめましょう。自分を好きになれない自分を認めることで、いろいろな自分にOKが出せるようになってきます。

誰でも、自分の好きなところはすんなり受け入れられますが、嫌なところは認めたくないものです。でも、欠点のない人はいませんし、あなたが欠点だと思っているところも他人から見れば長所かもしれません。たとえば、わたしは動作がゆっくりなのが嫌でしたが、「おっとりしていていいね」と言われたことで、「これでいいのかも」と思えるようになりました。同じことでも見方次第なんですね。**欠点の裏返しは長所**ですから、悲観することはありません。

世界中で愛されているオードリー・ヘップバーンでさえ、多くのコンプレックスを抱えていたそうです。自分の大きな鼻や大きな足、貧乳、角ばった肩などについてよく不満を漏らしていたと言います。欠点を目立たなくするためにアイメイクを工夫したり、顔色が映える服の色やカメラに映る顔の角度などを研究していました。誰もがうらやむ美しい容姿を持つ大スターの彼女でさえ、嫌だと思っていたところがたくさんあり、映画を見る人たちはそれを彼女の魅力と受け取っていたのですね。そんな彼女も映画界を離れた後はユニセフ大使として慈善活動に打ち込むようになり、ようやく心の平和を得たそうです。晩年には、このような言葉を残しています。「私にとって最高の勝利は、ありのままの姿で生きられるようになったこと。自分と他人の欠点を、受け入れられるようになったことです」

自信というと「わたしはできる」「誰にも負けない」のようなポジティブな気持ちだと思われていますが、**禅の世界の自信とは、文字通り自分を信じること。言い換えれば、大したことのない自分もへたれの自分も、どんな自分も認めて丸ごと受け入れることだそうです。**本当の意味で自分を信じられるようになると、自分のことが好きになれますね。

自分を否定したり、認められないでいるのは辛いことです。その状態では自信も持てず、自分軸もぐらぐらで、他人の顔色をうかがいながら、びくびくして生きることになります。波動もどんどん下がってしまいますね。逆に自分を好きになると自分軸がしっかりして、他人のことは気になりません。自信があれば、どう思われても関係ないと思えるからです。そうなると、すべてに寛容になれます。過去の自分やドジだったり大失敗した自分など、好きなところも嫌なところも全部ひっくるめて、どんな自分にもOKが出せたら最強です！　自分のことを好きになると本来の波動になるので、環境や人間関係などはなに一つ変わっていなくても、他人の反応も変わってきますよ。

自分探しはやめよう

どこかに「本当の自分」を知る手がかりがあると信じて、自分探しをする人は大勢います。「天命はなんだろう?」「自分らしい生き方とは?」「本当にやりたいことはなに?」など、探している本人はとても真剣です。

ただ困るのは、ほとんどの場合、答えが見つからないこと。見つからないから、次々に探しに行って、さまよってしまうのです。

わたしも20代のころに「自分の殻を破りたい」「変わりたい」と思って、本を読みあさり、片っ端から良さそうなセミナーに通いました。どれも良いところがあり、受講生の中には変わる人もいるのにわたしは変われず、「自分のどこが悪いのだろう」と思っていました。そんなときに潜在意識を書きかえる手法を知り、毎日自分の潜在意識のブロックを取っていったら、しかめっ面の写真しかなかったわたしが写真の中で自然に笑っているのに気づいたんです！　やっと変われたんですね。そこでわかったのは、**「他人に変えてもらおうとしているうちは変われない。自ら変わることが必要」**ということでした。それまで外にばかり目を向けていましたが、解決策は自分の中にあったのです。これで、わたしの自分探しは終わりました。チルチルとミチルのように、探していた青い鳥はごく身近に、自分の中にいたのです。

あなたの潜在意識はすべてを知っています。自分がそれに気づいていないだけ。でも、**答えは自分の中**にあって、外にはないことがわかっていれば、自分の直感や心の声を信じられますね。心の声なんてわからないという人も、「なんとなく」「～の気がする」というのが潜在意識からのサインです。ぱっと目に入ったものや印象に残った言葉がそうかもしれません。詳しくは、【「気のせい」を無視しない】（130ページ）をご覧ください。

いま外に目を向けて、自分探しをしているなら、もうやめませんか？「自分探しって言いますけどね、見つかりませんよ。自分は『ここ』にいるんだから」という役所広司さんの言葉の通り、いくら外に探しに行っても見つかりません。これからは、自分の内側に目を向けてくださいね。

最強の思い込みは根拠のない自信

あなたは、しっかりした根拠がないと信じられないタイプですか？　運の良い人、幸せな人、成功者の多くは、根拠がないのに「自分は運がいい」「大丈夫」「なんとかなる」と信じています。**自分を信じるのに、根拠なんていりませんね。**

不思議なことに、不安や恐怖を抱くときには根拠があるとは限りません。将来が不安という場合も、具体的に「資産がこれくらいなので、何年後にはそれが尽きてしまうから不安」という人は少ないものです。たいていは「なんとなく不安」とか「どうなるかわからないから不安」という感じです。

自信となると、本当の意味で信じられないから拠《よ》り所がほしいのでしょうか？　根拠はこれまでの実績や体験、または客観的なデータなどに基づいています。つまり、「過去にこうだったから、〜になるだろう」というもの。科学の実験などでは再現性が高いかもしれませんが、実際の生活ではいろいろなことが影響するので、予想通りになるとは限りません。根拠といっても、案外不確実なものなのです。不確実な根拠がないと信じられないって、おかしな話ですね。

わたしは昔から、「なんとかなる」「幸せで当たり前」という根拠のない自信を持っていました。なぜそうなったのか、いつからなのかは自分でもわかりませんが、この気持ちが根底にあるから、どんなときでも、なんとかなってきたのかもしれません。ネガティブになっても不思議はない状況のわたしに、神様がギフトをくださったのだと感謝しています。

ビジネスの現場では「なぜうまくいくと言えるのか？」と根拠や裏づけが問われますが、実生活にそれが当てはまるとは限りません。心理学では、「根拠のない自信」などの数字では測れない内面の力（＝非認知能力）の高い人の方が成功しやすいことが明らかになっています。2000年にノーベル経済学賞を受賞したジェームズ・ヘックマンの研究では、幼少期に非認知的な能力を身につけると、大人になってからの幸せにつながることが証明されました。数値化できない、根拠のないことの大切さが世界に認められたのです。

実は、**根拠のない自信こそが、潜在意識にある最強の思い込み**だと言われています。なぜならば、スタート時点で「できる」と信じて疑わないからストレスなく行動が起こせて、「できる」という意識が現実を創って本当にできるから、さらに自信がつくという好循環が生まれるのです。根拠のある自信の場合は、その根拠が崩れると自信までなくなってしまいますが、根拠のない自信はどんなときにも崩れないから最強なのですね。

ただ、「根拠のない自信をもとう」と言っても、それまで自信のなかった人にはハードルが高いと思います。そういうときには、まず自分を好きになるのが先決。【自分のことが好きですか?】（222ページ）の内容を参考にして、実践してみてください。自分を好きになって自己肯定感が上がると、自然に自信が持てるようになりますよ。そうなったら、人に言われなくても「大丈夫」「なんとかなる」と自然に思えるようになります。

第5章のおさらい

♪人生の主役になるには

覚えておきたいこと

あなたの意識が現実を創る。
答えはあなたの中にある。

お勧めアクション

心の声にしたがって行動する。

人にも物にも執着しない。

「できない」言い訳をせず、「できる」方法を探す。

どんな自分にもＯＫを出す。欠点の裏返しは長所。

根拠のない自信を持つ。

注意したいこと！

心の中でブレーキをかけない。

依存しない。周りに振り回されない。

あとがきに代えて

宇宙にお任せで幸せに生きる

ここまでお読みいただいて、ありがとうございました。あなたも幸せを感じはじめているのではありませんか？　そうでなくても、あなたの幸せへの扉は開かれました！

おさらいになりますが、自分を丸ごと認めて良い気分でいるとあなた本来の調和した波動になり、宇宙の本質とも調和します。わたしたちは宇宙に生きているので、この状態でいると抵抗がなく、宇宙の法則もスムーズに働きます。そうなれば、あとは宇宙に任せておくだけで、勝手に幸せが続きますよ。類は友を呼ぶというように、調和した波動でいれば、調和した状態、幸せな状態が現実になるのです。これこそが良い気分の魔法です。

ポイントは、いつもリラックスして、心軽くご機嫌でいること。これだけでも、すでに幸せですね。なにかが起きても、現実をどうこうしようとせずに、良い気分に戻るだけでOKです。ジャンプしたり、上を向いたり、胸を張ったり、口癖を変えたり、白いシャツを着るのもあなたの波動を上げるのに役立ちますよ。また、アナログ時計や足首回し、散歩、掃除などで気の流れを良くするのもお勧めです。ぜひ、やってみてください。

実は、この本の出版が決まるころ、わたしは意識して良い気分でいるようにしていました。母と温泉に行っておいしいものを食べ、リラックスしてご機嫌で帰宅したら、出版が決まったという連絡が届いていました。びっくりすると同時にありがたく、良い気分の魔法を実感しました。

自分の人生の操縦席にいることも大切です。常識や世間、他人の目に縛られず、心の声にしたがいましょう。頭で複雑に考えると過去や他人との比較になるので、百害あって一利なし。解決策は外ではなく、あなたの内側にあります。自然体で自分以外のものになろうとせず、のびのびと自由に自分の基準で生きれば、自分軸もしっかりしてきます。**人生の主役はあなた**であることをお忘れなく。

いろいろなことを紹介しましたが、すべてをきちんとする必要はありません。完璧にしようとすると、かえって窮屈になってしまいます。気負わず、やりやすいこと、気に入ったことを一つでも二つでも続けていくと、これまでとは違ってきたことが実感できると思います。これをきっかけにして、あなたが心地良くいられる時間が増え、毎日幸せと感じられるように願っています。

心が満たされていると、人にも物にも優しくなれます。まずはあなた自身を満たしてあげましょう。自分が満たされて、安心、安全な境地にいると、他人に振り回されなくなるのも嬉しいところ。どんな風に思われるかも気にならないし、他人をどうこうしようとも思わないので、とても楽ですよ。

幸せの波動は伝染するので、あなたが幸せでいれば周りの人も幸せになります。

一人が幸せになれば、それがどんどん広がって、ひいては世界が平和になりますね。あなた自身が幸せの種になって、幸せを広げていってくれたら、これほど嬉しいことはありません。

最後になりましたが、この本を書くにあたって多くの方々にお世話になりました。初出版でなにもわからないわたしを全肯定で支え、すばらしい本に仕上げてくださった自由国民社の古村珠美さん、この企画を発掘してくださったたかひらいくみさん、貴重なアドバイスをくださった藤沢あゆみさん、いつも励ましてくれる家族、温かく応援してくださるすべての皆さまに心から感謝しております。ありがとうございました。

令和元年　吉日

大田亜侑

参考文献

・エイミー・カディ著／石垣賀子訳『〈パワーポーズ〉が最高の自分を創る』早川書房、２０１６年
・黒川伊保子『母脳』ポプラ社、２０１７年
・石田久二『運がいいとき、「なに」が起こっているのか？』サンマーク出版、２０１５年
・山田雅晴『決定版　神社開運法』たま出版、２００２年
・エスター＆ジェリー・ヒックス著／吉田利子訳『引き寄せの法則』ＳＢクリエイティブ、２００７年
・エックハルト・トール著／飯田史彦訳『人生が楽になる　超シンプルなさとり方』徳間書店、２００７年
・渡辺淳一『鈍感力』集英社、２０１０年
・ロバート・リーヒ著／八木由里子訳『不安な心の癒し方』アスペクト、２００６年
・千田琢哉『「無敵」のメンタル』学研プラス、２０１９年
・平井正修『忘れる力』三笠書房、２０１７年
・カレン・キングストン著／田村明子訳『ガラクタ捨てれば自分が見える』小学館、２００２年
・近藤麻理恵『人生がときめく片づけの魔法』（改訂版）河出書房新社、２０１９年

・ナポレオン・ヒル著／田中孝顕訳『思考は現実化する』きこ書房、１９９９年
・バイロン・ケイティ、スティーヴン・ミッチェル著／神田房枝訳、ティム・マクリーン、高岡よし子監訳『ザ・ワーク　人生を変える４つの質問』ダイヤモンド社、２０１１年
・橋井健司『世界基準の幼稚園　６歳までにリーダーシップは磨かれる』光文社、２０１７年

著者　大田 亜侑（おおた あゆ）

開運幸せトレーナー。

東京藝術大学音楽学部楽理科卒業。認定開運カウンセラー、開運カウンセラー協会会員。英日・日英翻訳家。

14歳で難病の全身性エリテマトーデスと診断され、「普通の人とは違う」というコンプレックスを抱え、制限のある生活の中で「幸せになる方法」を模索しはじめる。自己啓発やスピリチュアル関連の数多くのセミナーを受講し、本を手あたり次第に読み、幸せの追求のためにかけた金額は1000万円を優に超える。開運や様々な自己啓発など、これまでに学んだことを総結集して、宇宙の法則にもとづいた3か月で幸せ体質に生まれ変わるオリジナルのトレーニング「幸トレ®」を開発。これまでにのべ700名以上のセッションを行い、好評を博している。30年来の趣味であるキルトと翻訳の経験を生かして、キルト専門誌で翻訳と編集に携わる一方で、ミステリーなどの文芸翻訳も手掛けてきた。

両親の見守り介護をしつつ、「毎日幸せ」と思える人が増えることを願って活動中。

ホームページ　https://wa28.net/

今日《きょう》からはじめる幸《しあわ》せ習慣《しゅうかん》

2019年11月15日　初版　第1刷発行

著　者　大田《おおた》 亜侑《あゆ》
発行者　伊 藤　滋
印刷所　大日本印刷株式会社
製本所　新風製本株式会社
本文DTP　株式会社シーエーシー

発行所　株式会社自由国民社
〒171-0033　東京都豊島区高田3-10-11
営業部　TEL03-6233-0781　FAX03-6233-0780
編集部　TEL03-6233-0786　FAX03-6233-0790
URL　https://www.jiyu.co.jp/